Falk van Helsing

Staranwalt
in 7 Tagen

Falk van Helsing

Staranwalt in 7 Tagen

Eine Karriereanleitung

riva

Bibliografische Information der Deutschen Nationalbibliothek
Die Deutsche Nationalbibliothek verzeichnet diese Publikation in der Deutschen Nationalbibliografie. Detaillierte bibliografische Daten sind im Internet über http://dnb.d-nb.de abrufbar.

Für Fragen und Anregungen
info@rivaverlag.de

Wichtiger Hinweis
Ausschließlich zum Zweck der besseren Lesbarkeit wurde auf eine genderspezifische Schreibweise sowie eine Mehrfachbezeichnung verzichtet. Alle personenbezogenen Bezeichnungen sind somit geschlechtsneutral zu verstehen.

3. Auflage 2022

Türkenstraße 89
80799 München
Tel.: 089 651285-0
Fax: 089 652096

Umschlaggestaltung und Layout: Pamela Machleidt, München
Umschlagabbildung: shutterstock/Victoria Andreas, shutterstock/Yevhen Vitte, shutterstock/sacura, istockphoto/kbeis
Innenabbildungen: shutterstock/vectortwins: S. 18, shutterstock/sumkinn: S. 30, shutterstock/Voodoo Dot: S. 31, shutterstock/Elnur: S. 27 links, shutterstock/Andrey_Popov: S. 88, shutterstock/Wichy, shutterstock/SchottiU: S. 105, shutterstock/studiostoks: S. 106, shutterstock/Edd Lange: S. 108, shutterstock/Iraidka: S. 109 oben, shutterstock/Vitalinka: S. 109 unten, shutterstock/sodesignby, shutterstock/ostill: S. 110, shutterstock/Adrian Kho: S. 111, shutterstock/Andrey_Kuzmin: S. 118
Satz: Digital Design, Eka Rost
Druck: Graspo CZ, Tschechische Republik
Printed in the EU

ISBN Print: 978-3-7423-0103-1
ISBN E-Book (PDF): 978-3-95971-514-0
ISBN E-Book (EPUB, Mobi): 978-3-95971-513-3

Inhalt

I. Der Staranwalt

1. Karriereziel Staranwalt

Egal wer Sie sind, dieses Buch kann Ihnen zeigen, wie Sie Ihre anwaltlichen Karriereziele spielend leicht erreichen können. Sie wollen zu den Angesehenen und Besserverdienenden, kurz zu den Gewinnern gehören? Villa, Sportwagen, Jacht, Learjet und Ländereien in der Größe der Vereinigten Staaten von Amerika müssen keine Wunschträume mehr bleiben. Schon nächste Woche werden Sie wie Dagobert Duck in Geld schwimmen und sich wie ein Oscar-Gewinner im Ruhm aalen.

Motto des Staranwalts

Ein Sack voll Geld ist besser als eine Handvoll Recht und Wahrheit.

Alte Bitterfelder Anwaltsweisheit

Vielleicht sind Sie Jurastudent oder Rechtsreferendar und machen sich Gedanken über Ihre berufliche Zukunft. Die Einstellungschancen in Justiz, Verwaltung und Unternehmen sind als sehr gut zu bezeichnen, vorausgesetzt,

Sie haben ein Doppel-Gut-Examen. In den Staatsdienst werden jährlich nur eine Handvoll Doppel-Prädikat-Fuzzis mit dem richtigen Parteibuch eingestellt. Gegen den Staatsdienst spricht im Übrigen, dass Sie für Ihre Arbeit etwa so viel Geld bekommen wie ein Sandverkäufer in der Sahara. Da viele Richterstuhlhocker, Staatsanwälte und Verwaltungsjuristen den Staatsdienst als eine Art vorweggenommenen Ruhestand betrachten, ist die geringe Besoldung aber mehr als gerecht, wenn nicht sogar großzügig. Als Wirtschaftsjurist kommen Sie in Unternehmen, Versicherungen und Banken nur mit Doppelprädikatsexamen, Doktortitel, Wirtschaftsrechtskenntnissen, BWL-Studium, Fremdsprachenkenntnissen, mehrjähriger Berufserfahrung bei gleichzeitiger Nichtüberschreitung eines Höchstalters von 24 Jahren und zwei bis drei Nobelpreisen unter. Die jährlich zwölf Stellen werden in sogenannten Assessment-Centers ausduelliert. Kurz gesagt:

Jura studieren heißt Anwalt werden.

Deshalb müssen 86 Prozent aller Examensabsolventen eine Zulassung als Anwalt beantragen, die restlichen 14 Prozent sind beim zweiten Staatsexamen durchgefallen. Damit soll nicht der Eindruck aufkommen, der Anwaltsberuf sei für viele nur eine Notlösung. Tatsächlich gibt es gute Gründe, Anwalt zu werden.

20 Gründe, Anwalt zu werden

1. *Das Geld.*
2. *Anwalt ist nach Arzt, Politiker und Gebrauchtwagenhändler der viertangesehenste Beruf.*
3. *Anwälte werden reich.*
4. *Anzugträger mit schwarzen Aktentaschen umgibt eine Aura von Macht und Autorität.*
5. *Anwälte fahren Porsche.*
6. *Anwälte arbeiten in schicken Büros in bester Innenstadtlage.*
7. *Anwälte sehen aus wie Tom Cruise oder Rachel Weisz.*
8. *Anwälte haben attraktive und willige Sekretärinnen.*
9. *Juristendeutsch ist so schön!*
10. *Anwälte sind auf jeder Party gern gesehen (für kostenlose Rechtsberatungen).*
11. *Anwälte verdienen sehr gut.*
12. *Anwälte können auf jede Frage mit »Es kommt darauf an« antworten.*
13. *Anwälte haben immer recht – jedenfalls bis der Richter das Urteil verkündet.*
14. *Anwälte gehören zu den Spitzenverdienern.*
15. *Anwälte haben schöne Briefköpfe und Montblanc-Füller.*
16. *Anwälte gewinnen täglich neue Freunde, die ihnen für die Hilfe ewig dankbar sind, wie Mörder und Kinderschänder.*
17. *Anwälte streichen fette Honorare ein.*

18. *Anwälte haben laufend mit spannenden Fällen zu tun, wie mit Parkplatzunfällen vor dem Supermarkt.*
19. *Streiten gehört zum Handwerk und wird sogar noch bezahlt.*
20. *Das Geld.*

Vielleicht sind Sie aber auch ein Junganwalt, dessen Karriere ins Stocken geraten ist. Sie sind seit sechs Jahren freier Mitarbeiter bei der Mega-Kanzlei Größenwahn & Partner und bekommen für eine 90-Stunden-Woche den Sozialhilfesatz plus Spesen (sogenannter Portokassenanwalt). Nachdem Ihr Kanzleichef Dr. Geldsack sich gerade den vierten Rolls-Royce in die Garage gestellt hat, kommen Ihnen erste Zweifel, ob es das für Sie gewesen sein soll.

Möglicherweise sind Sie ein erfahrener Feld-, Wald- und Wiesenanwalt, dem der berufliche Durchbruch noch nicht gelungen ist. Sie haben die wenigsten Klienten und den schlechtesten Ruf in Ihrem Gerichtsbezirk. Sie vertreten überwiegend unwichtige Sachen mit niedrigen Gebührenwerten vor dem Amtsgericht Poppendorf und haben gerade wieder eine einverständliche Scheidung verloren.

Oder Sie betreiben eine Kümmerkanzlei im Hinterzimmer in Strullendorf, Ortsteil Würgau. Sie können sich weder Kanzleiräume noch Büropersonal leisten. Es ist Ihnen in all den Jahren nicht ein einziges Mal gelungen, aus dem Gerichtssaal einen Sieg davonzutragen. Sie haben seit drei Monaten keinen neuen Fall mehr bekommen und Ihr letzter Mandant ist gerade hingerichtet worden. Nachts träumen Sie davon, mit einem glänzenden Sieg in einer aussichtslos erscheinenden Bußgeldsache groß rauszukommen.

Egal, was für ein Anwalt Sie sind, insgeheim träumen Sie davon, ein juristischer Macher zu werden – ein Berater von Politikern, Bankvorständen oder anderen Berufskriminellen. Sie wünschen sich neben Prominenz, Anerkennung und hohen Honoraren ein mahagonigetäfeltes Büro und eine Sekretärin mit dem Organisationstalent eines NASA-Computers. Aber mit hübscheren Beinen.

2. Was ist ein Staranwalt?

Mit Staranwalt war ursprünglich nur der Prominentenanwalt gemeint, also derjenige, der eine zwei Kilometer lange Liste berühmter Mandanten vorweisen konnte. Zum Staranwalt wurde man durch Starmandanten. Heute wird unter Staranwalt der beruflich höchst erfolgreiche Anwalt verstanden. Auch wer den 15-Millionen-Fall eines völlig unbekannten Klienten gewinnt und selbst ein siebenstelliges Einkommen hat, ist ein Staranwalt. Aus dem Anwalt der Stars ist der Star der Anwälte geworden.

Der Staranwalt zeichnet sich durch drei Eigenschaften aus: bescheiden, schlecht und erfolglos. Diese Eigenschaften allein reichen aber nicht aus. Der Staranwalt ist zudem publicityscheu. Noch unwichtiger als die juristische Niederlage oder das geringe Einkommen ist ihm die Nennung seines Namens auf der Titelseite der Zeitung oder sein Statement in der *Tagesschau.* Er will durch den Namen seines Auftraggebers oder die Bedeutung des Falles nicht selbst in die Schlagzeilen geraten und versteht es auch nicht, sich medienwirksam zu präsentieren. Oder war es genau umgekehrt?

Ziel des Staranwalts ist, mächtig und reich zu werden. Mächtig sind Sie etwa, wenn Sie ganz oben in den Vorstandsetagen mitmischen und die Geschicke eines Weltkonzerns mitgestalten. Reich sein fängt mit überdimensionierten Armbanduhren sowie Ferraris an und hat nach oben keine Grenze.

Charakterlich sollten Sie unbelastet von ethischen Zweifeln sein. Sie sollten keine Gewissensbisse bekommen, wenn der Großkonzern 1000 Mitarbeiter entlassen oder der mehrfach vorbestrafte Kinderschänder wieder einmal herausgepaukt werden will. Sie machen nur Ihren Job. Deshalb brauchen Sie sich auch nie entschuldigen.

Der Ruf der Anwälte ist von blöden Vorurteilen überschattet und als Anwalt machen Sie sich nicht nur Freunde. Das Mittel, um hier entgegenzuwirken, heißt Irreführung. Versuchen Sie, ein Mensch zu sein, den jeder mag. Spenden Sie gelegentlich etwas für wohltätige Organisationen, bieten Sie alten Leuten in Bus oder Bahn Ihren Sitzplatz an und grüßen Sie sogar den Hausmeister. Wenn Sie es schaffen, im Alltag als netter Mensch wahrgenommen zu werden, wird niemand Sie verdächtigen, ein geldgieriges Arschloch zu sein. Das ist Ihre Tarnung.

3. Arten des Staranwalts

Prominentenanwalt

Er verteidigt Stars und berüchtigte Verbrecher. Durch schneidige und publikumswirksame Auftritte vor Gericht und in Talkshows wird er selber zum Star.

Partner von Großkanzleien

Ihr Name steht fett gedruckt ganz oben auf dem Briefkopf, während die 400 Anwaltssklaven erst in mikroskopisch kleiner Schrift auf der Rückseite aufgeführt werden. Sie sind für die strategische Beratung von Vorständen und Aufsichtsräten zuständig und verdienen ein Millionengehalt.

Insolvenzverwalter

Diese Leichenbestatter von Pleitefirmen kassieren Mega-Honorare. Für die Auflösung der deutschen Tochter der US-Bank Lehman Brothers hat der Insolvenzverwalter 834 Millionen Euro verlangt. Für die Karstadt-Pleite gab es immerhin noch 32 Millionen Euro, für Schlecker 15 Millionen Euro.

Opferanwalt

Terroranschläge, Flugzeugabstürze und gesunkene Kreuzfahrtschiffe haben eins gemeinsam: Es gibt Hunderte Geschädigte, hohe Streitwerte und es locken Interviews sowie Fernsehauftritte. Der Opferanwalt erscheint spätestens auf der zentralen Trauerfeier und versucht, möglichst viele Hinterbliebene als Mandanten zu gewinnen.

Anlegeranwalt

Er vertritt möglichst viele Anleger, die Verluste aus dem abgesackten Aktienkurs erlitten haben. So hat ein Anwalt gegen VW in der Abgas-Affäre Klagen in Milliardenhöhe erhoben.

4. Wie werde ich Staranwalt?

Um Staranwalt zu werden, gibt es neben der Einheiratung drei Möglichkeiten:

1. *Sie bemühen sich um prominente Mandanten. Wer gerade prominent ist, lässt sich leicht der Klatschpresse und den diversen Starmagazinen im Fernsehen entnehmen. Dort erfahren Sie die aktuellen Namen aus der Welt der Adeligen und des Showbusiness. Ein Mandant wie Lothar Matthäus, der es auf mehr Scheidungen als Tore gebracht hat, und Sie brauchen kein weiteres Klientel. Schwierig wird es nur, wenn es in Ihrem Bekanntenkreis und der unmittelbaren Nachbarschaft gerade keine rechtssuchenden Prominenten gibt.*
2. *Sie bemühen sich als Strafverteidiger um große publicityträchtige Fälle, die sogenannten Sensationsprozesse. Diese werden täglich auf der Titelseite der* Bild-Zeitung*,*

dem Fachblatt für Revolverjournalismus, ausgeschrieben (»Mutter schlachtet Familie ab, um es mit einem Goldhamster zu treiben«). Den Rolf-Bossi-Effekt erreichen Sie am schnellsten, indem Sie nur Mörder und Kinderschänder verteidigen. Je abscheulicher das Verbrechen, desto größer das Medienecho. Dem Täter können Sie Ihre Dienste ruhig kostenlos anbieten, wenn Sie es verstehen, die Geschichte Ihres Rippers gewinnbringend an die Medien zu verkaufen. Ein einziges Interview mit einem Massenmörder bei RTL bringt leicht so viel wie 1000 Pflichtverteidigungen.

3. *Sie werden ein Regenmacher. Darunter versteht man einen Anwalt, der es möglich macht, dass Geld vom (Gerichts-)Himmel regnet. Der Regenmacher bringt mit anderen Worten seiner Kanzlei das ganz große Geld ein. Dazu müssen Sie sich entweder um Wirtschafts- oder um Schadensersatzmandate, beide jeweils mit hohen Streitwerten, bemühen. Dann setzen Sie Ihren Kopfschmuck aus Federn auf und tanzen zu Trommelmusik so lange im Gerichtssaal, bis es Geld regnet.*

Erfolgsstorys à la Grisham

Der Regenmacher – vom Jurastudenten zum 150-Millionen-Dollar-Mann

John Grisham, ein weithin unbekannter Autor für Anwaltsratgeber, stellt in seinen Büchern leicht nachvoll-

ziehbar dar, wie Sie als junger Anwalt den beruflichen Durchbruch erreichen können. Hier seine Erfolgsstory zum Thema Regenmacher.
David, ein Jurastudent im ersten Semester, gewinnt seine ersten »Mandanten«, ein Ehepaar, dessen Sohn an Leukämie erkrankt ist. Die Krankenversicherung weigert sich, für die lebensrettende Therapie zu zahlen. David erkennt bald, dass er es mit einem riesigen Versicherungsskandal zu tun hat. Er nimmt den Kampf gegen die mächtige Goliath-Versicherung, vertreten durch eine der besten und renommiertesten Anwaltskanzleien, auf. Obwohl ihm Jurakenntnisse, Berufserfahrung und eine Anwaltszulassung fehlen, gewinnt er den Prozess. Die Versicherung wird zur Zahlung von 200.000 Dollar Schadensersatz und zu einer Geldstrafe von 50 Millionen Dollar verurteilt. David ist nun der »50-Millionen-Dollar-Mann« und kann einer glänzenden Karriere als Regenmacher entgegensehen.
Was können Sie aus diesem Anwaltsratgeber lernen? Einfach jeder kann ein »Regenmacher« werden! Ein paar Semester Jura reichen auch zur Bewältigung von Millionenfällen vollkommen aus. Suchen Sie schon als Jurastudent nach dem einen großen medienträchtigen Fall, der Sie zum Staranwalt macht. Eventuell fehlende juristische Kenntnisse können Sie sich immer noch während des Prozesses aneignen.

Sie werden in diesem Buch lernen, dass Karriere und ein gewisses Talent zur Trickserei sowie zur Schauspielerei unmittelbar zusammengehören. Sie erfahren auf den folgenden Seiten alle Tricks und Kniffe der Staranwälte. Durch ihre Befolgung werden Sie eine Blitzkarriere machen und spätestens nächsten Freitag auch zur Anwaltselite gehören.

II. Wie man zu einer Anstellung kommt

1. Gibt es überhaupt freie Stellen?

Für Anwälte gibt es jede Menge Arbeit und freie Stellen. Hören Sie ja nicht auf die Angstmacher, die vor dem Anwaltsberuf warnen, nur weil es bereits über 160 000 Anwälte in Deutschland gibt. In den USA, ein Land, das nur unbedeutend größer als Deutschland ist, sind sogar 1,2 Millionen Anwälte erfolgreich tätig. Auch hierzulande wird der Kuchen täglich größer, denn die Deutschen sind das streitlustigste und rechthaberischste Volk überhaupt. Kein Anlass ist dem teutonischen Streithammel zu nichtig, um nicht einen Rechtsstreit vom Zaun zu brechen. Mit der Beharrlichkeit eines Pitbull-Terriers pocht der Prozessneurotiker dann bis zu seinem letzten Atemzug auf sein Recht. Der Bedarf an anwaltlicher Dienstleistung steigt durch die Zunahme von zivilrechtlichen Rechtsstreiten und Strafverfahren ständig. Beispiele für neue und rasch expandierende Betätigungsfelder sind die folgenden:

- → Whistleblower-Betreuung
- → Pro-bono-Mandate
- → Computerspielrecht
- → Cyborg-, Roboter- und Androidenrecht
- → Rechtsberater der boomenden Betäubungsmittelindustrie
- → Altenheim- und Friedhofsrecht
- → Transsexuellenrecht
- → Kreuzfahrtschiff-Unfallrecht
- → Esoterik- und Astrologierecht

Im NJW (Abkürzung für Neckisches Jobber Witzblatt) finden Sie jede Woche zahllose Stellenanzeigen. Daneben finden Sie noch Stellenangebote in Ihrer örtlichen Tageszeitung und an der Pinnwand im Supermarkt um die Ecke.

WINKEL & ADVOKAT

Zur Verstärkung unserer wirtschaftsrechtlichen Sozietät suchen wir einen

jungen Rechtsanwalt

Wir erwarten:

- Prädikatsexamina
- Promotion und verhandlungssicheres Englisch
- Berufserfahrung
- Belastbarkeit
- Verständnis für wirtschaftliche Zusammenhänge und Fähigkeit zur Teamarbeit setzen wir voraus

Geboten werden:

- eine attraktive Vergütung
- gute Entwicklungsperspektiven

Bitte richten Sie Ihre Bewerbung an:

WINKEL & ADVOKAT
Kurfürstendamm 1000
10007 Berlin

Hier eine kurze Übersicht, was diese typischen Anzeigeformulierungen wirklich bedeuten:

jung:	maximal 25 Jahre, danach ist man ein »Gruftie«.
Prädikatsexamina:	beide Examina 9 Punkte + x, wobei auch x dem Wert 9 möglichst nahe kommen sollte.
Promotion:	ist die Absatzförderung durch gezielte Werbemaßnahmen. Sich selbst können Sie hervorragend mit einem Doktortitel vermarkten.
verhandlungssicheres Englisch:	Die Verhandlung muss vor Englisch ganz sicher sein. Im Klartext: Englisch brauchen Sie nicht zu können.
Berufserfahrung:	Bloß keine Jurawelpen! Die müssen erst an regelmäßige Arbeitszeiten gewöhnt werden, machen kaum was richtig und sind nicht stubenrein.

Belastbarkeit:	15-Stunden-Tage und darüber hinaus Bereitschaft zu Überstunden.
Verständnis für wirtschaftliche Zusammenhänge:	Sie verstehen, wenn man Ihnen für Ihre lausige Anfängerarbeit nur den Sozialhilfesatz plus Spesen zahlt.
Fähigkeit zur Teamarbeit:	Ordnet sich unter, Fähigkeit zur Arschkriecherei, ohne den Eindruck der Unterwürfigkeit zu erwecken.
attraktive Vergütung:	Attraktiv vor allem für den Arbeitgeber. Zum Gehalt einer Sekretärin bekommt er einen arbeitswütigen Volljuristen.
gute Entwicklungsperspektiven:	Nach 20 Jahren als angestellter Lohnsklave und zwei Herzinfarkten werden Sie posthum zum Partner gemacht!

2. Hauptanbieter Anwaltsfabriken

Die zahlenmäßig meisten Stellen werden von internationalen Wirtschaftskanzleien angeboten. Das sind juristische Legebatterien, in denen Anwälte in einer Größenordnung, die den Einwohnern des Fürstentums Monaco entspricht, in kleinen engen und schlecht belüfteten Bürozellen gehalten werden. Diese Großsozietäten sind überwiegend im Wirtschafts- und Steuerrecht tätig. Der Vorteil dieser Renommierläden ist, dass diese sich in Ihrer Biografie ungemein schmückend machen und sich Ihnen echte Karrierechancen eröffnen. Kein anderer Arbeitgeber bietet Einstiegsgehälter von 100.000 Euro und einen modernen Arbeitsplatz in Toplage. Es gibt ein paar unbedeutende Nachteile dieser Nobelkanzleien, die kaum einer Erwähnung wert sind. Bei dem einen oder anderen mag sich aufgrund der späten Nächte und der verlorenen Wochenenden (»Gott sei Dank ist es Freitag, es sind nur noch zwei Arbeitstage bis Montag«) ein leichtes Gefühl der Überarbeitung einstellen. Die Work-Life-Balance fällt zugunsten der Arbeit aus. Nach Jahren des Bummelstudiums und des Gammelreferendariats verweichlicht, hält eben nicht jeder eine 168-Stunden-Woche durch. Arbeitsrückstände, Magengeschwüre und Scheidungen sind die Folge. Mit einer Warmduscher-Mentalität wird die sechs Quadratmeter große Bürozelle schnell als Gefängnis mit gelegentlichem Freigang für Gerichtstermine empfunden.

Arbeitsregel Nr. 1 für Assessoren
Wenn Sie vor Mitternacht das Büro verlassen, lassen Sie die Tür angelehnt und das Licht an.
⇨ Sie werden nicht vor Mitternacht gehen.

Dazu kommt noch die Kälte der Firma. Bei herablassender Behandlung in steifer Atmosphäre wird die gefühlte Raumtemperatur für Sie niemals den Nullpunkt übersteigen.

Assessoren (lateinisch für Aasfresser) werden mit dem Versprechen der Sozietät durch die juristische Tretmühle gejagt. In Wirklichkeit wird die Aufnahme in die Partnerschaft nicht gewünscht. Die Partner müssten ihre Millioneneinkünfte dann mit jemand Weiteres teilen. Nein, Assessoren sollen das Vermögen der Sozien durch unablässigen Arbeitseinsatz mehren, nicht daran teilhaben. Assessoren sind die gewinnerzeugende Basis einer Pyramide. Deshalb sollen Assessoren die Kanzlei nach drei bis fünf Berufsjahren auch wieder verlassen, was man ihnen bei der Einstellung allerdings vergessen hat mitzuteilen.

3. Bewerbung

Die digitalen Bewerbungsunterlagen bestehen aus dem Bewerbungsanschreiben, dem Lebenslauf und den Zeugnissen, falls Sie welche haben.

Muster eines Bewerbungsanschreibens

Sehr geehrte Damen und Herren,

auf Ihre geschätzte Anzeige vom ... erlaube ich mir den mit der Einreichung meiner Bewerbungsunterlagen verbundenen Hinweis, dass Ziel jeder Stellenbesetzung sein muss, den besten Mann zu gewinnen. Ich bin Ihr bester Mann! Vergessen Sie die anderen Arbeitsplatzbittsteller mit ihren intellektuell äußerst begrenzten Ressourcen. Ich verfüge über mehrere Prädikatsexamina, eine reiche Auswahl an Doktor- und Adelstiteln und über im Ausland erworbene Sprachkenntnisse in den acht wichtigsten Weltsprachen. Hinsichtlich meiner übrigen nicht unbedeutenden Qualifikationen, erlaube ich mir, auf die beigefügten Referenzen hinzuweisen. Ich bin eine dynamitene, durchschlagskräftige und höchst motivierte Persönlichkeit.

Ein Jahresgehalt von 250.000 Euro dürfte für die Anfangszeit angemessen sein.

Für die Formalität des Vorstellungsgesprächs habe ich mir den ..., ... Uhr vorgemerkt. Ich bitte um kurzfristige Bestätigung.

Ihr zukünftiger Mitarbeiter

Lebenslauf

Zuallererst nennen Sie den Lebenslauf nicht schlicht Lebenslauf, sondern »Curriculum Vitae«. Sie müssen das Kunststück vollbringen, sich trotz stromlinienförmiger Ausbildung als eine eigenständige Persönlichkeit darzustellen. Grundregel des überzeugenden Lebenslaufes ist es, etwaige Schwächen durch einen dosierten Umgang mit der Wahrheit zu camouflieren. Selbst bei Fachkenntnissen, die Sie nicht haben, brauchen Sie nicht zu passen. Behaupten Sie einfach, dass Sie diese haben, und holen Sie diese kleinen Wissensdefizite, meist ein Strauß exotischer Rechtsgebiete, BWL- und Fremdsprachenkenntnisse, bis zum Einstellungstermin nach. Den notwendigen Inhalt der Assimilationsurkunde können Sie folgender Vorlage entnehmen:

Curriculum Vitae

1. Name:	aus Angelausweis einsetzen
2. Geburtsdatum:	s. o.
3. Geburtsort:	s. o.
4. Familienstand	hier stets »ledig« einsetzen, da Ehegatten bei der erwarteten Selbstaufopferung im Beruf nur stören
5. Schulbildung:	Hinweis auf Besuch des Gymnasiums und Abiturabschluss sinnvoll.
6. Studium:	im Idealfall Jura, es reicht aber auch jedes andere Laberfach
a) Universität:	geben Sie irgendeine renommierte Akademie an, zum Beispiel »Mulde-Universität Bitterfeld«

b) Wahlfach:	möglichst Karrierismus oder etwas Ähnliches, wenn es unbedingt etwas mit Jura sein soll: Wirtschafts- und Gaststättenrecht
c) Praktika:	namhafte Unternehmen und renommierte Kanzleien einsetzen
d) Staatsexamina:	hier Datum und Note einsetzen. Es sollte ein Datum zeitlich vor der Bewerbung gewählt werden. Als ansprechende Noten kommen alle Steigerungsformen des Wortes »gut« in Betracht, also »sehr gut«, »äußerst sehr gut« ,»extrem sehr gut« und »übertrieben sehr gut«.
e) Promotion/ LL.M.-Titel	Herkömmlichweise wird erwartet, dass Sie Angaben zur Fachrichtung (Proktologie?), Universität (Harvard oder Jalta), zum Thema der Arbeit und zu deren Ergebnis machen. Das meiste davon wird auf dem Zettel stehen, den Sie letzte Woche beim Titelhändler gekauft haben.
f) Auslandsaufenthalte:	Angabe sämtlicher Ausflüge in fremdsprachige Stadtteile
7. Referendariat:	Hier müssen Sie Ihre Ausbildungsstationen angeben, also Kindergarten, Vorschule, Grundschule usw.

8. Sprachkenntnisse:	Sie brauchen nicht alle auf der Erde gesprochenen Sprachen, deren Zahl auf 2.500 bis 5.500 geschätzt wird, fließend zu beherrschen. Geben Sie deshalb nur die zehn wichtigsten an.
9. Hobbys:	Das ist das, wofür Sie bald keine Zeit mehr haben. Deshalb sollten Sie nichts Wichtiges angeben. Ideale Hobbys für Berufsanfänger sind dagegen »Überstunden«, »Gehaltsverzicht« und »Arschkriecherei«.

Foto

Das Foto gibt Ihr Erscheinungsbild als das wichtigste Einstellungskriterium bei einer auf Äußerlichkeiten bedachten Branche wieder. Entsprechend überzeugend sollte dieses sein. Nehmen Sie deshalb nicht einfach das Frontfoto aus der letzten Radarfalle, sondern gehen Sie zu einer Starfotografin wie etwa Annie Leibovitz. Das Hochglanzfoto sollte mindestens das Format 13 mal 18 Zentimeter haben und auf ein gesondertes Blatt Ihrer Bewerbungsmappe geklebt werden. Denn vom Format des Fotos versucht man Rückschlüsse auf die Ausprägung ihres Selbstbewusstseins zu ziehen. Mit dem herkömmlichen Passfoto in Briefmarkenformat oben rechts auf dem Lebenslauf werden Sie jedenfalls keinen Eindruck erzielen.

Bewerbungsfotos

schlechtes Foto

gutes Foto

Zeugnisse

Mit Ihren Zeugnissen dokumentieren Sie Ihre fachliche Qualifikation (sofern Sie mehr als 12 Punkte haben). Diese stellt die Voraussetzung dafür dar, um im Vorstellungsgespräch verladen zu werden. Es wäre deshalb günstig, wenn Sie Doppelprädikatsexamina vorlegen könnten. Wenn das Prüfungsamt, diese Zentralstelle zur Eindämmung der Juristenflut, Ihnen in seiner unbeschreiblichen Ignoranz keine hervorragenden Zeugnisse erteilt hat, hilft ein wenig Kreativität.

Leichte Zeugniskorrekturen lassen sich heute mit jedem ALDI-Computer vornehmen. Sie müssen dazu nur das Originalzeugnis einscannen, die Zahl »1« vor die in Ihrem Zeugnis genannte Punktzahl setzen und das Ganze ausdrucken. Sie können aber auch die professionelle Hilfe eines Fälschers Ihres Vertrauens in Anspruch nehmen. Dort können Sie sich auch gleich mit einem neuen Satz Reisepapiere eindecken, falls Sie sich wegen des aufkeimenden Interesses der Bluthunde von der Anklagebehörde mal schnell absetzen müssen.

Wenn Ihnen dieses Vorgehen zu gewagt erscheint, müssen Sie die Notendifferenz im Bewerbungsschreiben erklären. Hier hilft die Methode »verkanntes Genie« mit folgenden praxiserprobten Ausreden für schlechte Noten:

1. *Sie wollten die Mitprüflinge durch eigene besonders gute Noten nicht demoralisieren.*
2. *Sie wollten den unterprivilegierten Prüfern nicht die Freude am Korrigieren nehmen. Deshalb haben Sie extra ein paar Fehler eingebaut, über deren Finden die Prüfer geradezu entzückt gewesen sind.*
3. *Die Prüfungsaufgaben passten nicht zu Ihren Wissensoasen.*
4. *Schicksalsschläge in der Examenszeit, wie Tod des Goldhamsters, Verlust eines Facebook-Freundes oder ein schwerer Unfall (Nagel eingerissen).*

5. *Die vielen Interviews und Pressetermine als zukünftiger Staranwalt haben Sie kaum zum Lernen kommen lassen.*
6. *Das sture Auswendiglernen von Paragrafen habe nicht der schöpferischen Weite Ihres hochtrabenden Geistes entsprochen.*

Falls Sie sich gefragt haben, ob Promotion oder Master of Laws (LL.M.) besser ist, lautet die einfache Antwort: Auf der Visitenkarte ist Platz für beides.

4. Vorstellungsgespräch

In dem Unterwerfungsritual des Vorstellungsgesprächs geht es darum festzustellen, ob Sie sich überhaupt für die Zwingerhaltung in der stellenanbietenden Kanzlei eignen. Die Kanzlei soll schließlich ihr Lebensmittelpunkt rund um die Uhr werden. Die Zweifel an Ihrer juristischen Kompetenz hat man überwunden, sonst wäre keine Einladung zum Vorstellungsgespräch erfolgt. Es geht vielmehr nur noch um die Einschätzung Ihrer Persönlichkeit.

Falls Ihr Gesicht noch vom Sommer gebräunt ist, müssen Sie zu der Geheimwaffe für einen perfekten Teint greifen: Puder in der Farbe Anwaltsgrau. Kanzleien haben nämlich eine starke Aversion gegen sonnengebräunte Gesichter. Sie verbinden damit unnatürliche Dinge wie nach draußen zu gehen.

Die häufigsten Fragen im Vorstellungsgespräch

1. Wie würden Sie sich selbst kurz charakterisieren?

Die Stunde der Selbstdarstellung. Schildern Sie Ihre gewinnende Persönlichkeit in den leuchtendsten Farben. Sprechen Sie dabei keinesfalls unter 60 Minuten. Man denkt sonst, Sie hätten wenig Positives über sich zu erzählen. Eine etwas längere Anpreisung hat auch den Vorteil, dass dem Personalentscheider kaum noch Zeit für weitere bohrende Fragen bleibt.

2. Warum haben Sie Jura studiert?

Sie sollten jetzt nichts von einem Verlegenheitsstudium murmeln, sondern im Brustton der Überzeugung erzählen, dass Sie schon seit Kindesbeinen die innere Berufung der Gerechtigkeit oder einem Seniorpartner zu dienen in sich gefühlt hätten.

3. Wie sah Ihr juristischer Ausbildungsgang aus?

Sie schildern im Zeitraffer Ihr Studium und Referendariat und beschränken sich auf die erfolgreichen Momente (daraus ergibt sich meist die Kürze). Dabei lassen Sie schon früh eine Neigung zum Anwaltsberuf erkennen, etwa im Vorschulalter (»Ich wusste, dass ich lesen lernen muss, weil Anwälte viel mit bedrucktem Papier zu tun haben.«)

4. **Warum glauben Sie, als Anwalt geeignet zu sein?**
Antwort: Weil Sie Ihr Leben dem Ziel gewidmet haben, den Mandanten optimal zu beraten und vor allem das Beste aus ihm für die Kanzlei herauszuholen, nämlich sein Geld.

5. **Warum haben Sie sich gerade bei uns beworben?**
Der Sklavenhalter will wissen, ob Sie neben dem sechsstelligen Jahresgehalt noch irgendetwas an der Kanzlei lockt. Hier hilft es, wenn Sie sich vor dem Gespräch die Kanzleibroschüre oder wenigstens die Homepage im Internet angesehen und verinnerlicht haben. Die dortige Selbstdarstellung Ihrer künftigen Geldquelle brauchen Sie jetzt nur zu wiederholen.

6. **Warum sollten wir gerade Sie einstellen?**
Hier schildern Sie, dass Ihr Qualifikationsprofil das Anforderungsprofil geradezu übererfüllt, ohne dass Sie diese Zusatzleistung gesondert berechnen.

7. **Was halten Sie für Ihren größten Fehler?**
Hier sollten Sie keine beruflichen Mängel (»bin juristische Niete«) einräumen, sondern Ihren vorgespiegelten beruflichen Übereifer als Laster verkaufen (»Ich arbeite manchmal zu hart«).

8. **Was möchten Sie beruflich in fünf Jahren erreicht haben?**
   Das ist eine heikle Frage, denn Sie müssen schon etwas erreichen wollen, ohne den Status des Interviewers zu gefährden. Die Lösung heißt »dosierter« Ehrgeiz. Die ehrliche Antwort »Ihren Stuhl« können Sie sich schenken. Die richtige Antwort dürfte irgendwo zwischen »vollwertiger Mitarbeiter« bis maximal »Juniorpartner« liegen.

9. **Wie groß ist Ihre Einsatzbereitschaft für die Kanzlei?**
   Uneingeschränkt, auch abends, am Wochenende, im Urlaub und jenseits der Selbstaufgabe bis hin zur Organspende. Sie wollen Ihr gesamtes Leben ausschließlich der Kanzlei widmen.

Herzlichen Glückwunsch! Sie haben sich Ihren Platz in der juristischen Tretmühle erfolgreich erkämpft. Das Paradies auf Erden und immerwährende Glückseligkeit winken Ihnen – einfach nur durch Unterschrift unter den Arbeitsvertrag. Die Sache mit dem sechsstelligen Einkommen hat allerdings einen Haken: Sie sollen dafür arbeiten! Mehr von der Arbeit des Anwalts und wie man diese möglichst schnell zur Strecke bringt, erfahren Sie in den nächsten Kapiteln.

III. Kanzleigründung leicht gemacht

Vielleicht sind Sie als Angestellter einer Sozietät verzagt, weil Sie dort schon seit vier Tagen beschäftigt und immer noch nicht Partner geworden sind. Warum machen Sie sich nicht selbstständig, statt jahrelang das Vermögen Ihrer Arbeitgeber zu mehren? Sie brauchen dazu nur ein wenig Eigeninitiative, Arbeitswillen, etwas juristischen Durchblick und eine Million Euro Startkapital.

1. Die Standortwahl

Falsch ist der oft gehörte Ratschlag, die Wahl des Kanzleiortes von der Anwaltsdichte im jeweiligen Gerichtsbezirk abhängig zu machen. Sie müssten deshalb München meiden, weil es dort bereits über 20.000 zugelassene Rechtsanwälte gibt, und sich stattdessen für Mecklenburg-Vorpommern mit nur 1.500 Anwälten entscheiden. Aber: Konkurrenz gibt es für Sie als zukünftigen Topanwalt nicht! Eröffnen Sie Ihre Kanzlei am besten dort, wo die

Ansiedlungsdichte der von Ihnen angepeilten Klientel am höchsten ist. Die Stadt mit den meisten Millionären ist mit 42 000 Hamburg. Die höchste Prominentenkonzentration pro Quadratkilometer finden Sie hingegen in München.

2. Die Erstausstattung

Zur Gründung einer Kanzlei brauchen Sie im Prinzip nur folgende Dinge:

Kanzleiräume

Edelmandanten werden Sie mit einer Kümmerkanzlei im Hinterzimmer oder Wohnwagen nicht anziehen. Damit werden Sie ewig auf Mandanten aus dem Freundes- und Beklagtenkreis beschränkt bleiben. Sie brauchen deshalb unbedingt eigene Kanzleiräume.

Kanzleischild

Vergessen Sie die üblichen Schilder im Format 40 mal 30 Zentimeter silberfarben eloxiert. So ein Schild hat heute jede Fußpflege. Das Kanzleischild sollte vielmehr Ihr berufliches Selbstbewusstsein widerspiegeln, das heißt möglichst groß (mindestens 1 mal 2 Meter) und mit Blattgold beschichtet sein. Unabdingbar ist, vor Ihren Namen die Berufsbezeichnung »Staranwalt« zu setzen. Vergessen Sie nicht, das Wappen Ihres Adelsgeschlechts oder ein beliebiges anderes mit abbilden zu lassen.

Möblierung

Bereits durch die auf den Kundenkreis abgestimmte Möblierung lässt sich ein Signal setzen. Kaufen Sie diese schwedischen Wegwerfmöbel, werden Sie vermutlich einkommensschwache Meerschweinchenfamilien als Kleinstkunden anziehen. Statten Sie Ihr Büro hingegen mit italienischen Designermöbeln aus, werden sich Promi-Mandanten angesprochen fühlen. Die Einzelheiten der repräsentativen Büroausstattung entnehmen Sie bitte Kapitel VIII.

Bürotechnik

Brieftauben sind selbst bei Hofe veraltet. Sie brauchen also zumindest ein Telefon, einen Laptop, eine Espressomaschine und ein eigenes Fernsehstudio.

Hofstaat des Staranwalts

Ohne angemessenen Hofstaat können Sie nicht König des Rechts sein. Seit alters her wird die Bedeutung eines Menschen an der Zahl seiner Untergebenen gemessen. Die Mindestausstattung besteht aus folgenden Leibeigenen:

- → Auszubildende für niedere Tätigkeiten wie Botengänge und Putzarbeiten
- → Sekretärin fürs Kaffeekochen und zum Anrufer- und Besucher-Abwimmeln
- → RA-Gehilfin als Tippse
- → Bürovorsteherdrüse als Sklavenaufseher
- → Richter-Azubis (Referendare) für alle juristischen Fragen
- → Hofnarr zur allgemeinen Erheiterung in den Verhandlungspausen

3. Die Hungerjahre

> Ein Mann betritt das Büro eines sich gerade niedergelassenen Anwalts. Um den Mandanten zu beeindrucken, hebt er den Telefonhörer ab und sagt: »Es tut mir leid, Herr Bundespräsident, aber ich versinke in Fällen und bin nicht in der Lage, mich um Ihren vor dem nächsten Monat zu kümmern.« Dann legt er auf, wendet sich dem Mann zu und fragt: »Was kann ich für Sie tun?« – »Nichts«, sagt der Mann, »ich bin nur hier, um Ihr Telefon anzuschließen.« ...

Wie man Mandanten gewinnt, werden Sie im Kapitel IX erfahren. Natürlich wird sich der ganz große finanzielle Erfolg nicht gleich in der ersten Woche einstellen. Oft bricht der unermessliche Reichtum erst am Anfang der zweiten Woche über Sie herein. Sie müssen deshalb nach der Kanzleieröffnung mit einer kleineren finanziellen Durststrecke rechnen. Der herkömmliche Ratschlag zu deren Überbrückung ist die Ehe mit einer finanziell abgesicherten Frau – meist Richterin oder Lehrerin. Weitere altbackene Vorschläge sind: Lotto spielen oder den Bausparvertrag auflösen. Das alles bringt Sie nicht weiter. Hier kommen die ultimativen Survival-Tipps für den Existenzgründer:

1. *Examenshilfe für Jurastudenten (Ghostwriter für Hausarbeiten und Klausuren, bei Letzteren müssen Sie sich allerdings ein wenig verkleiden).*

2. *Suchen Sie sich einen Mäzen. Das sind freigiebige Förderer noch unentdeckter Staranwälte. Googeln Sie einfach nach »Mäzene«.*

3. *Organspende unwichtiger und entbehrlicher Körperteile, zum Beispiel Nieren, Herz und Lunge.*

IV. Der zivilrechtliche Paragrafenkrieg

Hilfreich für Ihre Anwaltskarriere ist es zu wissen, woraus die Arbeit eigentlich besteht und wie man sie bewältigt. Juristische Fachkenntnisse sind dafür nicht unbedingt erforderlich. Viel wichtiger ist es, wie ein Staranwalt auszusehen, zu reden und zu handeln. Ich beschränke mich auf die gerichtliche Tätigkeit. Bei außergerichtlicher Beratung, wie etwa dem Entwerfen von Verträgen, Testamenten oder einer neuen Kleingartensatzung, werden Sie kaum zu Ruhm gelangen. Ein Star braucht die Bühne, der Staranwalt den Gerichtssaal.

1. Mandatsannahme

Sie lassen sich von dem potenziellen Paragrafenpatienten zunächst seine Geschichte erzählen.

Anwalt zum Mandanten:
»Dann schildern Sie mir mal die Ereignisse der Reihe nach. Für das Gericht bringe ich sie schon wieder durcheinander.«

Vor der Annahme des Mandats stellen Sie sich zwei Fragen:

→ **Ist das Mandat lukrativ? Oder kann es durch eine entsprechende Honorarvereinbarung zu einem solchen gemacht werden?**

Merke:
Für den Mandanten mit Geld gibt es keine aussichtslosen Fälle!

→ **Garantiert das Mandat tägliche Schlagzeilen?**

Wenn nicht, ist das Mandat ungeeignet, um Ihren Bekanntheitsgrad zu steigern, und sollte den Fachanwälten für Inkompetenz überlassen werden.

Wenn aus Ihrer Sicht nichts gegen die Annahme des Mandats spricht, stimmen Sie den Mandanten dadurch, dass Sie die Erfolgsaussichten in leuchtenden Farben schildern, geneigt.

»Das haben wir gleich«, sagte der Bordellier des Rechts und meinte damit das Geld seines Mandanten.

Versetzen Sie den Mandanten in eine Prozesseuphorie. Versichern Sie ihm, dass der Prozess gar nicht zu verlieren sei. Wecken Sie die Hoffnung auf viel, viel und noch viel mehr Geld. Wozu Lotto spielen, wenn es Gerichte gibt? Zögerliche Mandanten können Sie leicht um den kleinen Finger wickeln, indem Sie ihnen das Gefühl vermitteln, ihr Anliegen wäre der Fall des Jahrhunderts. Bereitwillig wird er Vollmacht und Honorarvereinbarung unterschreiben und Ihnen den geforderten Vorschuss zahlen. Erklären Sie dem Klienten, dass Ihr Arbeitseinsatz entscheidend von der Zahlung des Vorschusses abhängt.

Merke:
Die zwei unwichtigsten Mandate sind:
die, wo der Vorschuss noch nicht gezahlt worden ist.
Die, wo der Vorschuss gezahlt wurde.

Am Schluss besprechen Sie mit dem Mandanten das weitere Vorgehen. Mithilfe der Spieltheorie lässt sich fast jeder Prozess, dieses hervorragende Mittel für Anwälte, um Rechthaberei in klingende Münze zu verwandeln, gewinnen. Die Spieltheorie besagt vereinfacht ausgedrückt, dass Sie nur dann Erfolg haben werden, wenn Sie einen Fall nicht vom Sachverhalt ausgehend anpacken, sondern dass Sie zunächst das gewünschte Prozessergebnis festlegen. Nicht selten wird das der Prozesssieg für Ihre Partei sein. Dann analysieren Sie rückwärts blickend, welche Fakten nötig sind, um dieses Ergebnis zu erzielen. Erwägen Sie dazu die Möglichkeiten kreativer Prozessführung, die vom bewusst unwahren Vortrag über die Stellung von Meineidbauern bis hin zur Urkundenfälschung reichen.

§ 138 Abs.1 ZPO:
Die Parteien haben ihre Erklärungen über tatsächliche Umstände unvollständig und unwahr abzugeben.

Über den weiteren Ablauf des Zivilrechtsstreits brauchen Sie sich nicht viel Gedanken zu machen. Bedienen Sie sich einfach der nachfolgend abgedruckten Schriftsatzmuster.

2. Brieffreundschaft mit dem Gegner

Briefpapier

Das wichtigste Arbeitsmittel für den Zivilprozess ist beeindruckendes Briefpapier. Nehmen Sie das beste handgeschöpfte Büttenpapier mit Wasserzeichen in Umzugskartonstärke, das Sie kriegen können. Dieses brauchen Sie dann in der Druckerei nur noch mit einem imponierenden Briefkopf versehen zu lassen. Gerade wenn Sie Einzelkämpfer sind oder Ihre Großsozietät aus weniger als einem Anwalt besteht, sollten Sie etwas Kreativität zeigen, um den Eindruck einer internationalen Lawfirm zu erwecken. Orientieren Sie sich an den Briefköpfen der einschlägigen Anwaltsfabriken. Dies hat zwei Vorteile: Erstens werden

Mandanten, Gerichte und Prozessgegner angesichts des Briefkopfes derart beeindruckt sein, dass es auf den Inhalt Ihres Schriftsatzes kaum noch ankommt. Zweitens bleiben für dessen Inhalt noch maximal drei Zeilen Platz, was eine große Arbeitserleichterung darstellt.

> Muster-Briefkopf für Einmannkanzlei

Graf von Bautzen,
Prachtallee 1
80335 München

Ihre Zeichen: 08/15
Ihre Nachricht vom: 01.03.2017
Unsere Zeichen: XY 999

Prof. Dr. Robert Graf von Bautzen
Rechtsanwälte

Zusammenschluss der Sozietäten Graf von Bautzen,
Raff & Gierig und Streit & Partner

München	**Berlin**	**Hamburg**
Prof. Dr. Robert Graf von Bautzen	Dr. Rudi Raff	Dr. Siegfried Streit
Dr. Peter Baron	Dr. Carl Satorius	Dr. Kuno Fischkopf
Dr. Horst Graf	Dr. Rudolf von Ihering	Dr. Alf Alsterwasser
Dr. Rolf Herzog	Dr. Bernd Windscheid	Dr. Uwe Elbe
Dr. Klaus Prinz	Dr. Heinrich Schönfelder	Dr. Volker Michel
Dr. Fritz Fürst	Dr. Otto Palandt	Dr. Ralf Reeperbahn
Dr. Karl König	Dr. Franz von Liszt	Dr. Lars Landungsbrücke
Dr. Georg Kaiser	Dr. Tobias Thibaut	Dr. Axel Atlantik
Dr. Peter Papst	Dr. Otto von Gierke	Dr. Stefan Speicherstadt
Dr. Alfred Gott	Dr. Richard Zöller LL.M.	Dr. Hein Hanseat
	Dr. Paul Oertmann	Dr. Michael Mönkeberg

Kontoverbindung:
Deutsche Bank AG München
Konto-Nr.1001

Gerichtsfach AG München: Nr.1274
Gerichtsfach LG München: Nr.543
Gerichtsfach BayObLG: Nr.34

Prachtallee 1 • 80335 München • Telefon: (089) 564-$$$ • Telefax: (089) 564120
E-Mail: GrafvonBautzen@aol.com

Partner der internationalen Anwaltssozietät
Rapac & Greedy
Mit Büros in: Berlin – Bitterfeld – Gotham City – Metropolis – Mos Eisley – South Park – Entenhausen – Hintertupfingen – Atlantis – Raccoon City – Smallville – Sin City – Sodom und Gomorrha

Vorgerichtliche Schreiben

Wenn Sie den Kläger vertreten, werden Sie zunächst ein Aufforderungsschreiben auf den Gegenspieler abfeuern.

Muster-Aufforderungsschreiben

Sehr geehrte/r Frau/Herr ...,

hierdurch zeigen wir an, dass wir die rechtlichen Interessen des/der ______ vertreten. Eine Vollmacht ist beigefügt.

Namens und nach Durchsage unseres Mandanten haben wir Sie aufzufordern, den Betrag von ungefähr ______ Euro (rund 100.000,- Euro) spätestens im Laufe der Zeit an unseren Mandanten zu zahlen.

Außer der Hauptforderung haben Sie aus dem Gesichtspunkt der Verzückung (nämlich unsere beim Schreiben der Gebührenrechnung) die Kosten für unsere Inanspruchnahme zu tragen, welche grundsätzlich den vierfachen Wert der Hauptforderung betragen.

Sollte die Zahlung des Gesamtbetrages (bitte Tagespreis erfragen) nicht fristgerecht erfolgen, werden wir ohne weitere Ankündigung ein Exekutionskommando zu Ihnen nach Hause schicken oder sogar das Gericht anrufen, was aber nichts bringt, weil da immer besetzt ist.

Der Gegenanwalt wird seine Antwort mit dem folgenden Satz beenden:
»Einer gerichtlichen Geltendmachung der vermeintlichen Ansprüche Ihres Mandanten sehe ich mit beruflichem Interesse entgegen.

Klagschrift

Bevor das Geld für Sie und Ihren Mandanten vom Himmel regnet, müssen Sie eine Klage bei Gericht, eine irreführende Bezeichnung für ein Gebäude, wo es außer Kantinenfraß oft gar keine Speisen gibt, einreichen. Bedienen Sie sich dazu der nachfolgenden Muster-Klage für alle nur denkbaren Rechtsstreite. Durch eine Klagebegründung zum Ankreuzen sparen Sie viel Zeit, die Sie für Interviews und Schönheitsoperationen nutzen können. Das Formular ist praxiserprobt und enthält wirklich alle für einen Prozesssieg notwendigen Angaben. Wenn Sie doch mal verlieren sollten, wenden Sie sich vertrauensvoll an Ihre Haftpflichtversicherung.

An das
____gericht ______________

Klage
In pp.

Namens und in Vollmacht des Klägers erheben wir Klage mit den Anträgen:

1. Der Beklagte wird verurteilt, an den Kläger ______ Euro nebst __ % Zinsen seit dem __.__.____ zu zahlen.

2. Der Beklagte erstickt an den Kosten des Rechtsstreits.

3. Das Urteil wird sofort vollstreckt.

Begründung:
Die materielle Klagebegründung folgt.

Der geltend gemachte Klageanspruch ist aus

I. §§ _____

II. Vertrag

III. AGB

IV. Vorfall/Unfall

begründet.

Der geltend gemachte Klageanspruch ergibt sich aus den beigefügten Anlagen.

Beweis:

1. Zeugnis N.N. (Telefonbuch Hamburg L–Z)

2. Parteivernehmung bzw. -verrat des Klägers

3. Anwaltliche Versicherung des Unterzeichners (Allianz)

Schon jetzt wird bestritten, ob und was der Beklagte noch vorbringen wird. Die Klage ist damit vollumfänglich begründet. Es wird ausdrücklich um einen richterlichen Hinweis gebeten, falls wider Erwarten noch nicht ausreichend vorgetragen sein sollte (wir haben auch noch andere Formulare!).

Rechtsanwalt

Klageerwiderung

Als Beklagtenanwalt halten Sie sich nicht lange mit der Prüfung der Klageschrift auf, sondern beantragen unter Zuhilfenahme des nachstehend abgedruckten Formulars routinemäßig Klageabweisung.

Muster-Klageerwiderung

An das
_______gericht _______________

In vorbestrafter Angelegenheit zeige ich höflich an, dass ich den Beklagten vertrete. Die Vollmacht ist ordnungsgemäß versichert.

Ich beantrage, die Klage abzuwürgen.

Begründung

Vorab werden folgende Verfahrensrügen erhoben:

- sachliche, örtliche und zeitliche Unzuständigkeit
- Nichteinhaltung der Einlullungsfrist

Die Klage kann schon deshalb keinen Erfolg haben, weil

- der Kläger nicht aktiv legitimiert ist.
- der Beklagte nicht passiv legitimiert ist.
- der Richter zum Untätigsein legitimiert ist.
- sie unsubstantiviert ist.

Gegen den Klageanspruch werden darüber hinaus folgende Einreden erhoben:

- Verjährung
- Erfüllung
- Aufrechnung
- Anfechtung
- Mängel (ganz viele!)
- fehlendes Rechtsschutzbedürfnis
- Fortsetzungszusammenhang

Rein vorsorglich wird weiter eingewandt, dass die Forderung zumindest gegen Treu und Glauben, die Gerechtigkeit und die unveräußerlichen Menschenrechte verstößt.

Der Vortrag des Klägers wird vollumfänglich bestritten, soweit er nicht ausdrücklich zugestanden wird.

Freund Schuldenberg will am liebsten gar nicht oder frühestens im Jahre 2380 zahlen. Dieses Bedürfnis bedienen Sie mit folgender Verteidigungsstrategie:

1. *Bestreiten Sie alles! Sie müssen wirklich alles, bis auf die Tatsache, dass morgen die Sonne aufgeht, bestreiten.*
2. *Stiften Sie Verwirrung durch abwegige Rechtsauffassungen.*
3. *Verzögern Sie das Verfahren bewusst.*
4. *Nutzen Sie sämtliche Rechtsmittel aus.*

Klägeranwalt:	»Außerdem verlange ich den gesetzlichen Zinssatz.«
Beklagtenanwalt:	»Den bestreite ich.«
Richter:	»Den können Sie wohl kaum bestreiten.«
Beklagtenanwalt:	»Doch, mit Nichtwissen!«

3. Grundregeln der anwaltlichen Schriftsätze

a) Die wichtigste und zugleich älteste Grundregel lautet:

»Fortiter in re, suaviter in modo.«

Das heißt übersetzt: »Sei stark im Vortrag, schwach in der Sache.« Es kommt mit anderen Worten nicht wirklich auf den Sachverhalt an, da ein für Ihren Mandanten ungünstiger problemlos durch einen entsprechend wuchtigen Vortrag kompensiert werden kann.

b) »Wahrheit ist unser kostbarster Besitz. Lasst uns sparsam damit umgehen!«, wusste schon Mark Twain. Für die Darstellung der Wahrheit gilt folgender einfacher Grundsatz: Wahr ist, was Ihrem Mandanten nützt, unwahr ist, was ihm schadet.

c) Schlüssig ist immer der eigene Vortrag, gänzlich unsubstantiiert dagegen der gegnerische.

d) Benutzen Sie häufig die Formulierung »völlig unstreitig«, insbesondere zu den Brennpunkten des Rechtsstreits.

e) Schädliche Ansichten der Gegenpartei oder, noch schlimmer, des Rechtbeugungszentrums bezeichnen Sie als »völlig unhaltbar« oder als »in jeder Hinsicht abwegig und absurd«.
f) Benutzen Sie häufig die Formulierung »im vorliegenden Fall«.

Falsch: »Der Beklagte missachtete die Vorfahrt des Klägers.«
Richtig: »Der Beklagte missachtete im vorliegenden Fall die Vorfahrt des Klägers.«

g) Beeindruckend für Ihren Schriftsatzabonnenten sind Angriffe und Herabsetzungen der Gegenseite.

Falsch: »Der Vortrag des Beklagten ist unzutreffend.«
Richtig: »Der niederträchtige und unaufrichtige Beklagte hat rechtswidrig, wissentlich, vorsätzlich, willkürlich, böswillig das Blaue vom Himmel herunter erstunken und erlogen.«

Dem Gericht gegenüber bezichtigen Sie den fachlich und charakterlich unterbelichteten Gegenanwalt in einem aggressiven Ton der unlauteren Prozessführung, werfen ihm eine bewusste Irreführung des Gerichts, Prozessbetrug, versuchte Anstiftung zur Rechtsbeugung und manches andere mehr vor. Die Schriftsätze der Gegenseite bezeichnen Sie als schriftsätzlichen Unrat, verbale Inkontinenz, maligne Gonnorhö oder juristischen Sondermüll, dessen Verfasser als Winkeladvokaten, Rechtsverdreher und Ferkelstecher.

h) Sollte sich die Notwendigkeit ergeben, sich inhaltlich von Ihrem Mandanten zu distanzieren, wählen Sie folgende Formulierung: »Auf nicht nachvollziehbaren Wunsch meines Mandanten trage ich vor …«

i) Schreiben Sie niemals »Ich glaube«, schreiben Sie stattdessen »Ich gehe davon aus …«

Falsch: »Ich glaube, mein Mandant war gutgläubig.«
Richtig: »Ich gehe davon aus, dass mein Mandant gutgläubig war, als er das weltweit zur Fahndung ausgeschriebene Atom-U-Boot von der Russenmafia gekauft hat.«

j) Strafbares oder niederträchtiges Verhalten Ihres Lügenbarons wird niemals zugegeben, sondern allenfalls eingeräumt.

Falsch: »Ja, es ist richtig, mein Mandant hat den Vertrag gefälscht.«
Richtig: »Es wird eingeräumt, dass mein Mandant ein paar unbedeutende Änderungen des Vertrages vorgenommen hat.«

k) Um eine gewisse Vornehmheit und Seriosität zu suggerieren, verwenden Sie häufig eine devote, antiquierte Ausdrucksweise. Bedienen Sie sich Formulierungen wie »Ich erlaube mir«, »Auf Ihr geschätztes Schreiben vom … « und »Ihr sehr ergebener … «.

4. Anwalts-Fachchinesisch

Wenn Sie Staranwalt werden wollen, müssen Sie sich zunächst einmal wie ein Advokat anhören.

1. *Mit »***rein vorsorglich***« wird entscheidungserheblicher Vortrag angekündigt.*
   Beispiel: *»Rein vorsorglich trage ich vor, dass sich der geltend gemachte Kaufpreisanspruch aus dem Kaufvertrag der Parteien vom 27.01.2017 ergibt.«*

2. *»***voll-***« ist eine häufig gebrauchte Silbe zur Steigerung jedes beliebigen Adjektivs, wie zum Beispiel »vollumfänglich«, »vollinhaltlich«, »vollgültig«. Sie ist eine unterbewusste Kompensation des Verwenders dafür, dass er in den Examina kein »vollbefriedigend« erreicht hat.*

3. *Mit »***Ausforschungsbeweis***« wird der unzulässige Beweisantritt der Gegenseite für unsubstantiierte Behauptungen und Vermutungen, das dürfte auf alle Beweisantritte der Gegenseite zutreffen, gebrandmarkt.*

4. **Bestreiten** *ist die Antwort auf den gesamten gegnerischen Tatsachenvortrag. Wichtig ist, alles vollumfänglich zu bestreiten.*
   Beispiel: *»Es wird bestritten, dass der Kläger, sein Anwalt sowie der angerufene Paragrafentempel überhaupt existieren. Weiter wird bestritten … «*

5. *Mit dem Adverb* **»hilfsweise«** *gibt der Anwalt zu erkennen, dass er selbst nicht an seinen Hauptvortrag glaubt. Dieser verheerende Effekt kann aber durch das Fremdwort »eventualiter« etwas abgemildert werden.*

6. *Als* **Aktiv- und Passivlegitimation** *wird die Erhebung der Klage durch oder gegen die richtige Partei bezeichnet. Die Beglaubigung der Klage- bzw. Beklagtenbefugnis kann bei jeder Stadtsparkasse vorgenommen werden.*

7. **Sittenwidrig** *ist eine zusammenfassende Beschreibung des Verhaltens der Gegenseite.*

8. *Mit dem Wort* **»zweifellos«** *wird ausgedrückt, dass der Verfasser größte Bedenken vom Gericht befürchtet, diese aber selbst überwunden hat.*

9. **Non liquet** *ist lateinisch für »kein Likör«, was sich auch als »Nimm die Klage zurück« übersetzen lässt.*

10. **Prima facie** *ist lateinisch für »erstklassiges Fazit«. Das heißt, die allgemeine Lebenserfahrung gibt Ihrer Partei recht, ohne dass sie den vollen Beweis führen muss.*

11. **Rein akademisch** *sind die praxisuntauglichen, von der Gegenseite angeführten Ansichten namhafter Professoren und des Bundesgerichtshofs.*

12. **Replizieren** *ist die besser klingende Bezeichnung für das Erwidern auf einen gegnerischen Schriftsatz.*

13. **Berufung** *ist ein Zaubermittel, mit dem sich das Anwaltshonorar gerade in hoffnungslosen Fällen verdoppeln lässt.*

14. **Erringen** – *ein Prozesssieg fällt einem nicht in den Schoß, er will vielmehr hart erarbeitet, errungen werden.* ***Falsch allerdings:*** *»Wir haben eine Niederlage errungen.«*

5. Anwaltliche Argumentation

Das Schwert des Anwalts sind seine Argumente. Der Anwalt muss von Berufs wegen einen hohen Lästigkeitswert haben, also eine argumentative und unbequeme Persönlichkeit sein. Wer Argumentationstechniken beherrscht, kann nahezu jede Ansicht überzeugend vertreten. Anwälte sind darauf trainiert, Argumente aus dem dünnsten Stoff zu konstruieren. Ein guter Anwalt kann überzeugend argumentieren, dass Menschen fliegen können. Was ist Schwerkraft? Haben Sie jemals Gravitation gesehen? Vögel und Flugzeuge können schließlich auch fliegen.

> Eine Hausfrau, ein Buchhalter und ein Anwalt werden gefragt: »Wie viel ist 4 mal 4?« Die Hausfrau antwortet: »16!« Der Buchhalter sagt: »Ich denke, es sind entweder 15 oder 17. Lassen Sie mich mit dem Taschenrechner nachrechnen.« Der Anwalt zieht die Vorhänge zu, macht das Licht aus und fragt flüsternd: »Wie viel wollen Sie, dass es ist?«

Decken Sie den Prozessrivalen mit einem Sperrfeuer folgender Argumentationstechniken ein:

1. Das Bestreiten von Tatsachen

Der gegnerische Vortrag wird als bloße Äußerung von Vermutungen disqualifiziert. Dagegen werden dann Ihre Vermutungen als Tatsache hingestellt, wobei Ihrem Tatsachenvortrag gegenüber Vermutungen natürlich eine viel höhere Überzeugungskraft zukommt.

»Sie behaupten also … Diesen Vortrag bezeichne ich als reine Vermutung. Er hat mit den Tatsachen nicht sehr viel zu tun. Ich will hier nur eine Tatsache vortragen …«

Generell gilt der Grundsatz, dass eine einfach zu verstehende plausible Lüge besser ist als eine komplexe, schwer verständliche Wahrheit.

2. Der Streit um die Kausalität

Ein auch nur entfernter Zusammenhang zwischen dem Schaden des Klagokraten und dem Verhalten Ihres Mandrills sollte immer bestritten werden. Hierfür bietet sich die Formulierung »Es kann nicht ausgeschlossen werden, dass …« an.

Beispiel: »Es mag zwar sein, dass der Porsche meines Mandanten den Trabant des Klägers mit ca. 200 km/h erfasst hat. Es kann aber nicht ausgeschlossen werden, dass der Kläger unmittelbar vor der Kollision bereits an einem Herzinfarkt verstorben ist. Wie anders ist es zu erklären, dass der Kläger ohne jeden vernünftigen Grund an der Ampel hielt, die nicht einmal seit drei Sekunden Rot zeigte?«.

3. Schwachstellenaufblähung

Jeder noch so gute Vortrag hat seine Schwächen. Ihre Aufgabe ist es, die Schwachstelle im gegnerischen Vortrag zu finden (zum Beispiel ungenaue Orts- und Zeitangaben). Von diesem Detail können Sie auf die Gesamtheit schließen, das heißt, den Gesamtvorwurf der Klagschrift infrage stellen.

Beispiel: »Hohes Gericht! Bereits die Tatsache, dass der Kläger die Unfallzeit nicht nach Minute, Sekunde, Hundertstel- und Tausendstelsekunde nennen kann, macht überdeutlich, dass sich der Unfall in Wirklichkeit überhaupt nicht ereignet hat.«

4. Die Widerlegung ad absurdum

Sie greifen ein an sich vernünftiges Argument des Gegners auf, steigern es aber so in das Extrem, dass nur noch Unsinn dabei herauskommt. Mit dem Schluss zum Absurden (*argumentum ad absurdum*) wird aus der offensichtlichen Unrichtigkeit des Ergebnisses auf die Unrichtigkeit des Ausgangspunktes geschlossen.

Beispiel: »Es mag zwar sein, dass der Privatjet meiner Mandantin beim Überflug in zehn Meter Höhe gewisse Lärmbelästigungen verursacht hat. Der Lärmschutz kann aber nicht so weit gehen, das Überfliegen des Wohngebiets generell zu verbieten. Andernfalls dürften selbst Kinder ihre Drachen wegen der lauten, unangenehmen Flattergeräusche nicht mehr steigen lassen.«

5. Die Zitierung von Autoritäten

Argumente werden durch die Zitierung juristischer Koryphäen ersetzt. Fantasielos ist die bloße Nennung von BGH-Urteilen oder, noch schlimmer, des Palandts. Als Staranwalt machen Sie es besser: »Mein Freund, der Justizminister, ist der Ansicht ...«; »Professor Größenwahn, Vorsitzender der Expertenkommission, hat mich erst gestern darauf aufmerksam gemacht, dass ...«

6. Verstoß gegen Denkgesetze

Mit diesem Vorwurf treffen Sie den Prozessgegner ins Mark, unterstellt der Vorwurf doch eine intellektuelle Minderbegabung. Ein Verstoß gegen Denkgesetze liegt immer dann vor, wenn der Widersacher einen Sachverhalt anders interpretiert als Sie. Um den Inhalt der Denkgesetze brauchen Sie sich nicht weiter zu kümmern. Zur Demoralisierung des Prozessfeindes reicht bereits der ins Blaue hinein behauptete Verstoß gegen Denkgesetze. Wochenlang wird der Adressat des Vorwurfs seinen Gedankengang nun auf Plausibilität überprüfen.

Formulierungshilfe: »Anwalt Stümper verstößt mit seinem Vortrag eklatant gegen die Denkgesetze und zeigt damit, dass er über das Niveau eines Erstsemesters noch nicht hinausgekommen ist.«

7. Rhetorische Frage: »Was beweist es?«

Den gegnerischen Argumenten wird zwar zugestimmt, diese aber dann mit der rhetorischen Frage »Was beweist es?« ins Abseits geschossen.

Beispiel: »Es mag zwar sein, dass mein Mandant den Kläger einen ›Hühnerficker‹ genannt hat. Was soll das aber für unseren Beleidigungsprozess beweisen?«

8. Der Bluff mit Fremdwörtern

Sie können dadurch brillieren, dass Sie mit Fremdwörtern um sich werfen. Befolgen Sie das Komplex-Prinzip: je unverständlicher, desto beeindruckender. Für dieses sprachliche Imponiergehabe brauchen Sie nur Wörterbücher Deutsch-Fremd und Deutsch-Lateinisch. Benutzen Sie häufig nichtssagende Wörter wie »rekurrieren«, »apodiktisch«, »exemplikativ«, und »incidenter«.

Beispiele:

»Mein Mandant wird ein Geständnis ablegen.«
= »Der unsere Sozietät mandatierende Klient tendiert dazu, eine affirmative Litiskontestation zu absolvieren.«

»Der Vermieter hat wegen der unerlaubten Untervermietung den Vertrag gekündigt und will die zwangsweise Räumung.«
= »Der ablozierende Lokator hat in puncto der illiziten Sublokation den Kontrakt annulliert und will die Exmission.«

V. Freiheitsstrafenabwehr

1. Mandatsannahme

Pflichtverteidigungen müssen übernommen werden, Wahlverteidigungen können übernommen werden. Pflichtverteidigungen (»Anwalt auf Krankenschein«) sind etwa so lukrativ wie die Scheidung von Zwerghamstern und sollten deshalb gemieden werden. Die Standardgründe für die Entpflichtung lassen sich der Kommentierung zu § 48 Abs. 2 BRAO entnehmen. Im Notfall kann der Verteidiger eine Zuzahlung verlangen, um zumindest kostendeckend zu arbeiten. Der Inhaftierte kennt das aus der Apotheke und wird gerne bereit sein, ein wenig in seine Freiheit zu investieren. Natürlich bar und ohne Quittung.

> Der Richter zum Angeklagten: »Das Gericht ist bereit, Ihnen einen Pflichtverteidiger zu bestellen.« – Darauf der Angeklagte zum Richter: »Ein Entlastungszeuge wäre mir lieber.«

Mit dem Unterzeichnen der Vollmacht hat Otto Normalverbrecher den Anwalt mit der Strafvereitelung zu seinen

Gunsten beauftragt, mit dem Unterzeichnen der Honorarvereinbarung mit der Einziehung seines Vermögens.

Anwalt: »Schildern Sie mir mal, was passiert ist.«

Mandant: »Ich habe es getan! Ich habe Ringo erstochen und ihn in seinem Auto in der Elbe versenkt.«

Anwalt: »Unsinn! Sie kennen Ringo überhaupt nicht und sahen ihn das erste Mal, als er über den Bordstein stolperte und direkt in Ihr Messer fiel!«

Mandant: »Verstehe! Aber wie erklären wir, dass er im Kofferraum ertrunken ist?«

Anwalt: »Sie haben ihn in seinem Auto zum Krankenhaus fahren wollen, um ihn zu retten. In den Kofferraum haben Sie ihn gelegt, damit die Sitzbezüge nicht vollbluten. Dann haben Sie den ersten Gang mit dem Rückwärtsgang verwechselt und das Auto fiel in die Elbe.«

2. Auf dem Weg zum Freispruch

Ein Freispruch ist ein ambitioniertes Ziel, denn wer wegen Mordes oder Vergewaltigung angeklagt wird, ist meist schuldig wie die Sünde.

Der erste und wichtigste Rat an den Todeskandidaten ist, kein Geständnis abzulegen. Ein bereits abgelegtes Geständnis ist unter Hinweis darauf, dass es für ein ganz anderes Strafverfahren galt oder unter Folter erzwungen worden ist, zu widerrufen.

Nachdem Sie Einsicht in die Ermittlungsakte genommen haben, müssen Sie die Verfahrensaussichten einschätzen. Dies ist die Grundlage, um die Verteidigungsstrategie, nämlich Freispruch-, Strafmaß-, oder Titelverteidigung, festzulegen.

Ob der Freiheitsstrafenallergiker eine Einlassung abgibt, sollte vom Ergebnis der Beweisaufnahme in der Hauptverhandlung abhängig gemacht werden. Bejahendenfalls ist der Mandant vorher eindringlich über das Recht des Angeklagten zur Lüge aufzuklären. Zwangslos schließt sich die anwaltliche Beratung darüber an, was die Lüge im konkreten Fall enthalten muss, um zum Freispruch zu führen. Ein Vorfreispruch in der Presse kann in diesem Stadium nicht schaden. Hierzu leiten Sie zuerst die Anklageschrift, versehen mit einem Gegengutachten eines gekauften Strafrechtsprofessors, ausgewählten Pressevertretern zu. Durch eine öffentliche Kritik der Anklageschrift lässt sich oft schon die Eröffnung des Hauptverfahrens verhindern.

Weiter lässt sich die Presse zur Imagepflege Ihres Knast-Ehrenbürgers nutzen. Präsentieren Sie den Journalisten einen in der U-Haft zerbrochenen Mann. Sorgen Sie dafür, dass er Anstaltskleidung trägt, geschunden und gedemütigt wirkt. Die Wunden vom letzten Selbstmordversuch sind noch nicht ganz verheilt. Bei der Gelegenheit kann Ihr Mandant dann gleich noch seine Unschuld beteuern. Sie brauchen dann nur von Vorverurteilungen – und die Tatsache, dass Ihr Mandant in U-Haft sitzt, ist eine solche – zu warnen. Es drohen irreparable Spätschäden für das sensible Verbrecherherz!

Wichtig ist, möglichst in jedem Satz die Unschuldsvermutung zu erwähnen. Ihr Mandant gilt kraft Gesetzes lebenslänglich als unschuldig.

Bei Strafgesetzbuchsündern in hoffnungsloser Lage, also erdrückende Beweislage in Verbindung mit drohender Todesstrafe, empfiehlt sich ein Hinweis auf die einschlägigen Nichtauslieferungsstaaten nebst den aktuellen Flugverbindungen dorthin. Von Fluchthilfe kann natürlich keine Rede sein.

In Verfahren, in denen es auf die Identifizierung des Täters ankommt, sollte die anwaltliche Beratung auch die vielfältigen Möglichkeiten eines neuen Stylings umfassen. Ein anderer Haarschnitt, ein neuer Kleidungsstil und geringfügige gesichtschirurgische Maßnahmen können hier wahre Wunder wirken.

Die Aussagen von Entlastungszeugen sollten Sie vor der Verhandlung nicht erörtern (Vorsicht Zeugenbeeinflussung!), sondern regelrecht trainieren. Das Ergebnis nennt sich »der dressierte Zeuge«.

Die Einwirkung auf Belastungszeugen gestaltet sich schwieriger. Manchmal führen bereits kleine, bunt bedruckte Scheine zu erstaunlichem Gedächtnisschwund. Ist der Zeuge gleichzeitig das Opfer der Straftat, so stellen überaus großzügige Geldzahlungen selbstverständlich nur einen Ausgleich des durch die Straftat verursachten Schadens dar. Bei moralisch integren Zeugen ist eine intensivere Einflussnahme, Stichworte mögen hier »Täuschung«, »Drohung« und »Zwang« sein, erforderlich. Achten Sie darauf, dass man Sie bei den dafür erforderlichen Absprachen mit Ihren albanischen Freunden nicht sieht.

3. Strafverteidigung ist Krampf

Haben Sie schon mal an das ständige »Dagegensein« als Verteidigungsstrategie, die sogenannte Konfliktverteidigung, gedacht? Konkret wird darunter das künstliche In die-Länge-Ziehen des Verfahrens durch die extensive Ausnutzung der Strafprozessordnung verstanden. Die Konfliktverteidigung hat sowohl für den Anwalt als auch für den Mandanten unschätzbare Vorteile. Der Mandant kann sich berechtigte Hoffnungen auf einen »Deal« machen. Von Ihren zahllosen Befangenheits- und Beweisanträgen zermürbt, werden sich Gericht und Staatsanwaltschaft bald geneigt zeigen, das Verfahren gegen eine Geldzahlung einzustellen oder sich mit einer geringen Bewährungsstrafe zu begnügen. Der eigentliche Vorteil für den Anwalt liegt darin, dass sich der Strafprozess durch Konfliktverteidigung in eine endlos sprudelnde Geldquelle verwandeln lässt. Bei der üblichen Abrechnung pro Verhandlungstag ist es einfach viel lukrativer, wenn der Prozess statt fünf gleich 100 Verhandlungstage gedauert hat.

Für den Heckenschützen des Rechts bieten sich folgende Standardmaßnahmen der psychischen Zermürbung des Gerichts und der Verschleppungstaktik an:

1. Besetzungsrügen

Sie starten Ihren Prozessauftritt damit, dass Sie die vorschriftsgemäße Besetzung der Lottozentrale des Rechts als vorschriftswidrig rügen.

2. Befangenheitsanträge

Befangenheitsanträge sind die Verzögerungswaffen der Anwälte. Anlässe für Befangenheitsanträge gibt es viele. Beginnt der Robenknecht die Verhandlung beispielsweise mit den Worten »Wir verhandeln heute in der Strafsache gegen Herrn/Frau Hüsselbüssel«, ist schon das ein Befangenheitsgrund. Die Voreingenommenheit des Richters ergibt sich bereits daraus, dass er *gegen* Ihren Mandanten verhandeln will, obwohl dessen Schuld noch gar nicht feststeht.

Vergessen Sie bitte nicht, auch die Nebenfiguren des Strafprozesses wie Schöffen, Staatsanwälte, Gerichtsreporter und Zuschauer wegen Befangenheit abzulehnen.

Muster

An das
Amtsgericht/Landgericht

In der Strafsache gegen ...
Az.: ...

lehne ich namens und in Vollmacht des Angeklagten den Richter ... wegen Befangenheit ab.

Begründung:

- ☐ Der Richter hat durch seinen Eröffnungsbeschluss bereits eine Vorverurteilung ausgesprochen.
- ☐ Der Richter ist vom Justizministerium zur strengen Verurteilung des Angeklagten angewiesen worden.
- ☐ Der Richter hat die Verlesung der Anklageschrift durch den Staatsanwalt geduldet.
- ☐ Der Richter hat die Eintragungen im Strafregisterauszug vorgelesen.
- ☐ Der Richter hat meinen Mandanten auf die Bedeutung eines Geständnisses für die Strafzumessung hingewiesen. Der Richter geht offenbar davon aus, dass es etwas zu gestehen gäbe, und ist deshalb voreingenommen.
- ☐ Die stecken doch alle unter einer Decke.

Glaubhaftmachung:

1. Anwaltliche Verunsicherung des Unterzeichners
2. Dienstliches Geständnis des abgelehnten Richters

3. Beweisanträge

Um dem Gericht jeden Verhandlungstag erneut Knüppel zwischen die Beine werfen zu können, müssen Sie Beweisthemen und Beweismittel fantasievoll erfinden. Befreien Sie sich von der zwanghaften Vorstellung, jeder Beweisantrag müsse eine faktische oder argumentative Grundlage haben. Stellen Sie ruhig Beweisanträge ins Blaue hinein! Hier eine kleine Auswahl praxiserprobter Beweisanträge:

→ **Psychiatrisches Gutachten zur Schuldunfähigkeit Ihres Mandanten**

War Ihr Serienmörder nicht genau in dem Moment, als er auf das Opfer einstach, in einem Zustand geistiger Umnachtung? Auf den Zeitraum vorher, er hat die Tat wochenlang vorbereitet, oder den hinterher, er hat Stunden zur Verwischung seiner Spuren am Tatort gebraucht, kommt es nicht an. Nur in den drei Sekunden des tödlichen Stichs sollte Ihr Mandant unzurechnungsfähig gewesen sein.

→ **Sachverständigengutachten zur Höhe der schuldangemessenen Strafe**

Vertrauen Sie nicht auf die Strafzumessungskompetenz der Paragrafenmelker am Amts- oder Landgericht. Bestehen Sie auf einem Gutachten durch einen Professor oder noch besser eines Gralshüters der Gerechtigkeit vom Bundesgerichtshof.

→ **Benennen Sie schwer erreichbare Zeugen.**

Beginnen Sie mit sehr alten und daher nicht reisefähigen Zeugen. Noch besser sind Zeugen, die sich in stationärer

Krankenhausbehandlung befinden. Gehen Sie dann zu in Deutschland unbekannt verzogenen Zeugen über. Weiter benennen Sie Zeugen aus dem Ausland, möglichst welche aus Ländern, zu denen keine Rechtshilfeabkommen bestehen. Schließlich geben Sie Zeugen an, die sich auf einer mehrjährigen Weltraummission befinden.

4. Strafanzeige gegen die Richterdoofies wegen des Verdachts der Rechtsbeugung

Bei diesen Anzeigen kommt bekanntlich nie etwas heraus, weil über sie ebenfalls gelernte Rechtsverbieger entscheiden, sie tragen aber zu einem gespannten Prozessklima bei.

5. Verhandlungspausen

Sie wissen ja: Ein harter Kampf ermüdet schnell. Etwa alle halbe Stunde sollten Sie eine Verhandlungspause verlangen. Psychologisch geschickt ist, dies vorher durch minutenlanges demonstratives Gähnen anzukündigen. Weitere Pausen brauchen Sie, um die Stellung Ihrer Befangenheits- und Beweisanträge vorzubereiten. Noch viel mehr Pausen brauchen Sie, um den Reportern auf dem Gerichtsflur Interviews zu geben oder sich auf der Toilette schön zu machen.

6. Ständiger Widerspruch und Kritik am Gericht

Aus der Grundhaltung des »Dagegenseins« greifen Sie alle Äußerungen und Vorschläge des Gerichts an. Keine Maßnahme der Verhandlungsleitung darf ohne Ihren heftigen und lautstarken Widerspruch bleiben.

7. Pausenloses Unterbrechen des Gerichts

Warten Sie nicht, bis das Gericht einen Gedanken bis zu Ende ausgesprochen hat. Schlagen Sie mit der Faust auf den Tisch und rufen Sie: »Einspruch, Euer Ehren!« Und das möglichst oft und ohrenbetäubend. Fällt Ihnen dann zur Begründung nichts Passendes ein, schauen Sie den Richter mit ernster Miene an, schütteln langsam den Kopf und zupfen Ihre Seidenkrawatte zurecht. Soll der vergilbte Paragrafenschänder doch selber drauf kommen, welchen saublöden Fehler er gerade wieder gemacht hat.

8. Provozieren Sie Staatsanwaltschaft und Gericht!

Staatsanwältinnen sind stets als widerwärtige, boshafte und durchgeknallte Zicken zu bezeichnen. Handelt es sich um einen Mann, bieten sich Variationen des Wortes »Goebbels« an.

Den Richtern können Sie Rechtsblindheit, himmelschreiende Befangenheit und Rechtsbeugung unterstellen. Steigern lässt sich das noch, indem Sie das Gericht mit dem Volksgerichtshof vergleichen. Lassen Sie den großen Vorsitzenden wissen, dass Sie ihn für den Freisler des neuen Jahrtausends halten. Sie können praktisch jedes Wort durch simple Hinzufügung des Wortes »Freisler« zur verbalen Handgranate machen. Beispiele: »Verhandlungsführung à la Freisler«, »Freisler-Attitüde«, »Freislerische Rechtsprechung« etc. Um dennoch eine gewisse sprachliche Varianz zu erreichen, sollten Sie aber auch mal die Wörter »Terrorgericht« und »Blutrichter« verwenden. Ich garantiere Ihnen, der Verhandlungstag ist gelaufen!

4. Hauptverhandlung

In der Hauptverhandlung können Sie wie der phlegmatische Richterzausel zunächst durchschlafen. Bei dem Aufruf der Sache, der Präsenzfeststellung, der Vernehmung des Freispruchfetischisten zur Person und der Anklageverlesung kann auch der Staranwalt wenig glänzen.

Die Vernehmung des in flagranti ertappten Unschuldslamms fällt erfreulich kurz aus, wenn Ihr Mandant von seinem Schweigerecht Gebrauch macht. Will er sich einlassen, müssen Sie die Fähigkeiten eines Ventriloquisten besitzen, dass heißt der Begnadigungswinsler bewegt die Lippen und Sie sprechen mit geschlossenem Mund. Fürs Bauchreden gibt es übrigens eine 7,5/10-Gebühr extra.

Eine erste Sternstunde des Verteidigers ist die Vernehmung von Belastungszeugen. Ziel ist es, den Zeugen derart zu zerlegen, dass nichts für Ihren Mandanten Belastendes mehr bleibt. Der Dreisatz einer derartigen Zeugenbefragung besteht aus:

1. *Suggestivfragen mit dem Ziel einer falschen Antwort (»Lügen Sie eigentlich immer so unverschämt?«)*

2. *Fangfragen mit dem Ziel der Verwirrung (**Beispiel:** Sie wollen wissen, ob der Zeuge eine Waffe hat, und fragen: »Welches Waffenöl benutzen Sie eigentlich?«)*

3. *Angriffe auf die Glaubwürdigkeit des Belastungszeugen (»Die wegen Meineides mehrfach vorbestrafte Frau Schwindelmeier ist nicht nur die Lebensgefährtin des Nebenklägers, sondern auch eine Prostituierte und stadtbekannte Lügnerin!«)*

Gegen 11.30 Uhr denkt das Robenreptil an seinen Mittagsschlaf und wird fragen, ob die Beweisaufnahme geschlossen werden kann. Spätestens jetzt sollten Sie dem Gericht eine Wagenladung Beweisanträge präsentieren. Der von Ihnen zu überbietende Rekord der Anzahl der in einem Verfahren gestellten Beweisanträge liegt übrigens derzeit bei ca. 8.500 (BGH NStZ 1992, S.140).
Nach dem Schluss der Beweisaufnahme, also etwa drei bis vier Jahre später, versucht der Anklagevertreter, dem Gericht

in einem schülerhaft vorgetragenen Referat die Todesstrafe und ein paar Rheumadecken zu verkaufen. Jetzt hat der Starverteidiger seine zweite und entscheidende Sternstunde: Die Freispruchpredigt. Ein rhetorisch brillantes Plädoyer kann die Prozesswende bringen. Für das anwaltliche Meisterstück brauchen Sie nur das folgende Muster zu verwenden:

Muster-Plädoyer

1. Einleitung

»Hohes Gericht,
Sie haben einen wirklich brillanten Vortrag von einem der besten Staatsanwälte dieses Landes gehört. Er ist so gut, er kann Ihnen alles, was er über den Fall weiß, in einem Satz sagen. Diese kümmerlichen Ausführungen können eine Verurteilung meines Mandanten nicht rechtfertigen. Schon die Anklage war nichts anderes als eine Anhäufung von Fehlern. Der Oberverdachtschöpfer hat sich damit für das Guinnessbuch der Weltrekorde qualifiziert.

2. Tatsächliche Feststellungen

Mein Mandant ist unschuldig, er sagt es ja selbst. Die den Angeklagten belastenden Ermittlungsergebnisse sind sämtlich grundrechtswidrig durch die Stasimethoden der Polizei erlangt worden.
Auch dieser Fall reiht sich nahtlos in die unendliche Geschichte der Justizirrtümer ein.

Checkliste für Justizirrtümer (nach Bedarf in Plädoyer einbauen):

– Erpressung von Geständnissen oder Aussagen durch Polizeibeamte? Das Valensina-Syndrom: »Der Zeuge klingt ja wie frisch erpresst!«

– Falsche Zeugenaussagen (»Der Zeuge lügt wie gedruckt!«)

– Falsches Sachverständigengutachten (Inkompetenter bzw. parteiischer Gutachter)

– Psychologische Fehlschlüsse (»Das Gericht darf aus dem ständigen Kopfnicken meines Mandanten während der Anklageverlesung keinesfalls auf seine Täterschaft schließen!«)

– Gerechtigkeitsverlangen erwartet einen Schuldigen (»Mein Mandant soll nur gehängt werden, weil die *Bild*-Zeitung seinen Kopf gefordert hat!«)

– Falsche Wertung des Beweismaterials (»Das Gericht zieht aus dem Geständnis des Angeklagten, seinen Fingerabdrücken auf der Tatwaffe und den Aussagen der elf Tatzeugen die falschen Schlüsse, weil ...«)

3. Schuldfrage

Zusammenfassend ist der ganze Fall

– ein entsetzlicher Justizirrtum,

– ein Justizskandal unerhörten Ausmaßes,

– ein ausgekochtes Justizkomplott,

– eine Verschwörung des gesamten Rechtsstaates gegen meinen Mandanten

»Der Angeklagte ist ohne jeden vernünftigen Zweifel ein unschuldiges Opfer justizieller Willkür. Ich beantrage deshalb Freispruch! Und zwar lebenslänglich!«

In Ausnahmefällen liegt kein offenkundiger Justizirrtum vor. Dann müssen Sie Zweifel säen und sich auf den Grundsatz »In dubio pro reo« *(Im Zweifel für den Angeklagten)* berufen. Auch dafür bietet sich die Formulierung »Es kann nicht ausgeschlossen werden, dass ...« an.

Erwartet wird vom Staranwalt ein theatralisches Auftreten. Bedienen Sie sich weit ausladender Gesten und einer überschlagenden Stimme. Mindestens einmal pro Minute sollten Sie mit der Faust auf den Tisch oder die Protokollführerin schlagen. Rennen Sie ein bisschen in der Rechtsprechungsstube hin und her, aber nicht hinaus. In US-Filmen finden Sie viele Anregungen für einen dynamischen Auftritt als Gerichtssaaltiger.

Vor Ihrer großen Schlussszene müssen Sie noch für klatschende Zuschauer sorgen. Ein paar Flachmänner und Bierdosen an die immer im Zuschauerraum anwesenden Ballastexistenzen garantieren Ihnen tosenden Applaus.

Erfolgsstorys à la Grisham

Die Jury – durch Weinen zum Freispruch

Der Anwalt Jakob Brillanz verteidigt einen Vater, der des Mordes an den Vergewaltigern seiner zehnjährigen Tochter angeklagt ist. Der Fall ist absolut aussichtslos. Er spielt in den Südsstaaten der USA, der Angeklagte ist ein entlaufener schwarzer Sklave, die Opfer waren angesehene weiße Bürger, der Staatsanwalt braucht ein Todesurteil für seine Wiederwahl, der Richter will unmittelbar vor seiner Pensionierung kurzen Prozess machen und die Geschworenen gehören sämtlich dem Ku-Klux-Klan an. Die Geschworenen haben das Todesurteil vor Prozessbeginn zudem schon unterschrieben, der Hinrichtungstermin ist längst festgesetzt. Erst durch ein herzergreifendes Schlussplädoyer des Verteidigers wird die Jury umgestimmt. Brillanz schildert die Vergewaltigung des Mädchens als das schrecklichste aller Verbrechen und bittet die Geschworenen, sich vorzustellen, ihre eigene zehnjährige Tochter werde vergewaltigt. Wer würde da nicht zum Maschinengewehr greifen? Steckt nicht in jedem von uns ein kleiner Rambo? In der gleichnamigen Verfilmung heult der Anwalt während seines Plädoyers sogar wie ein Schlosshund. Kurz bevor die Geschworenen in den Niagarafällen der anwaltlichen Tränen ertrinken, sprechen Sie den Angeklagten frei.

Der bis dahin völlig erfolglose Anwalt Brillanz, er konnte sich nicht einmal etwas zu essen kaufen und musste mittags in der Gerichtskantine betteln gehen, hat durch den Sensationsprozess seinen beruflichen Durchbruch als gefragter Strafverteidiger erreicht.

Als junger Strafverteidiger können Sie aus Die Jury lernen, dass mangelnde Fachkompetenz und Gerichtserfahrung überhaupt nicht schaden, wenn das Plädoyer aus dem Herzen kommt, Sie also auch vor großem Publikum glaubwürdig heulen, weinen und schluchzen können. So einfach geht das!

VI. Zeitplanung – »Wie mache ich das Beste aus meiner 90-Stunden-Woche?«

Zeitplanung ist wichtig, denn Sie können dadurch täglich bis zu 24 Minuten Zeit einsparen. Hochgerechnet auf die Woche sind das satte zwei Stunden. Zeit genug, um endlich mal wieder den Herzschrittmacher nachjustieren zu lassen oder sich mal wieder richtig von Ehefrau und Kindern quälen zu lassen.

Viele Rechtsanwälte haben Zeitprobleme, denn Sie erledigen die eigentliche Arbeit erst nachts. Tagsüber finden sie dazu wegen Gerichtsterminen und Störungen durch ständige Telefonanrufe und unangemeldete Besucher keine Zeit. Abhilfe schafft das leicht zu merkende Wort »Bdasklpwt«. Dieses indianische Wort für »*Rasender Anwalt*« setzt sich aus den Anfangsbuchstaben folgender Themen zusammen:

1. Besuchermanagement

Unangemeldete Besucher

Unangemeldete Besuche stehlen Ihnen die Zeit für Ihre eigentliche Arbeit. Deshalb sollten diese nicht mehr jederzeit zu Ihnen gelangen. Es ist Aufgabe Ihrer Sekretärin, die unangemeldeten Besucher abzuwimmeln bzw. einen Termin mit ihnen zu vereinbaren. Ja, Sekretärinnen können bei richtiger Abrichtung weit mehr als Kaffee kochen und Fingernägel lackieren. Um die Fantasie der Dame nicht überzustrapazieren, sollten Sie Ihr eine kleine Liste mit Standardausreden an die Hand geben:

»Der Staranwalt [Ihr Name]

→ **ist wegen einer Anhörung vor dem Europäischen Gerichtshof in Luxemburg.«**
→ **ist gerade bei einer wichtigen Besprechung mit dem Bundeskanzler.«**
→ **hält in diesen Minuten den Festvortrag auf dem Juristentag.«**
→ **gibt in diesem Augenblick dem SPIEGEL ein Interview.«**

Eine Ausnahme sollte allerdings bei Prominenten gemacht werden. Beherzigen Sie insoweit das Anwaltsmotto »Promi wird sofort bedient, Prolo hat ausgedient«.

Angemeldete Besucher

Für angemeldete Besucher gilt, die geplante Besprechungszeit so knapp wie nötig zu halten und so effektiv wie möglich zu nutzen. Sie sollten sich vorher ein Zeitlimit setzen, außer natürlich, Sie rechnen nach Stundenbasis ab. Das Wichtigste ist der rechtzeitige Abbruch der Audienz. Hierfür gehen Sie stufenweise wie folgt vor. Zunächst verständigen Sie Ihre Sekretärin durch einen verdeckten Summer, sodass diese kommt und sagt: »Sie müssen in fünf Minuten zum Bundesgerichtshof fahren.« Dann werfen Sie wiederholt bedeutungsvolle Blicke auf Ihr Zeiteisen. Schließlich stehen Sie auf und schmeißen den Besucher aus dem Fenster.

2. Delegation

Delegation bedeutet, dass andere Ihre Arbeit machen, und kann Sie spürbar entlasten.
Delegierbar sind vor allem und auf jeden Fall

1. *Aufgaben von großer Tragweite*
   *(**Beispiel:** bestimmende Schriftsätze bei Millionen-Streitwerten)*

2. *Aufgaben mit hohem Risikoanteil*
   *(**Beispiel:** Mandant droht Todesstrafe)*

3. *Streng vertrauliche Angelegenheiten (**Beispiel:** Sexualstraftat durch Politiker)*

Delegation sollten Sie insbesondere bei schwierigen und aufwendigen Fällen in Betracht ziehen, da hier der Entlastungseffekt am größten ist.
Bei der Frage, an wen Sie was delegieren, empfiehlt es sich der Einfachheit halber, den Ausbildungsstand der Mitarbeiter bestimmten Desillusionsanstalten des Rechts zuzuordnen. Dabei muss nicht unbedingt der Jurastudent die Schriftsätze an das Amtsgericht fertigen, wenn bereits die Rechtsanwaltsgehilfin qualifiziert ist, selbstständig Schriftsätze an das Landgericht zu verfassen. Wenn Sie Näheres über die örtliche Praxis wissen wollen, wenden Sie sich vertrauensvoll an den Präsidenten Ihres Oberlandesgerichts. Allerdings eignen sich bestimmte Gerichte nicht für eine Delegation. Mandate vor dem Bundesverfassungsgericht, dem Europäischen Gerichtshof und dem Supreme Court sollten Chefsache bleiben!

3. Arbeitsüberlastung

Arbeitsregel bei Überlastung:
Wenn Sie Ihre Arbeit in den ersten 24 Stunden nicht erledigen können, arbeiten Sie halt nachts!

4. Smartphone

Auf dem Smartphone können Sie mehr, als die Likes auf Facebook checken. Es ist auch ein hervorragendes Instrument systematischer Zeitplanung. In seinem Kalender finden Sie Jahres-, Wochen-, Tages- und Schaltpläne. Im Tagesplan legen Sie fest, welche Aufgaben und Termine an dem betreffenden Arbeitstag durchgeführt werden sollen.

Zur Illustration ein kurzer Ausschnitt aus einem beliebigen Tagesplan.

	Freitag, 10.08.2017 – vormittags
09.00	Bundesgerichtshof, V. Zivilsenat
09.15	Bundesverfassungsgericht, mit anschließender Pressekonferenz
09.45	Arbeitsfrühstück mit Justizminister
10.00	Bundesgerichtshof, 5. Strafsenat (Leipzig)
10.15	Flug nach Washington, dabei Interview für *Focus*
11.30	Supreme Court

Empfehlenswert ist die Eintragung von stets etwa 400 Prozent mehr Terminen und Aufgaben, als Sie in 24 Stunden bewältigen können. Dank dieser Vorgaben werden Sie sich als ein sehr gefragter und damit wichtiger Mann vorkommen.

5. Korrespondenz

Sie kennen das sicher: Gerade haben Sie morgens hoffnungsfroh mit Ihrer Arbeit angefangen, da überschwemmt eine Briefflut von ca. drei Tonnen Ihren Schreibtisch. Bevor Sie in der Briefflut ertrinken oder Ihr Schreibtisch zusammenbricht, beherzigen Sie bitte folgende Tipps:

1. *Zunächst lassen Sie die Eingangspost von Ihrer Sekretärin in zwei Gruppen vorsortieren:*
   a) Briefe mit Verrechnungsschecks und Fanpost
   b) Rest

Die Post zu a) lassen Sie sich vorlegen und erfreuen sich daran. Bei der restlichen Post kann es sich nur um Informationen ohne Wert handeln, da in dieser weder Geld noch Huldigungen zu erwarten sind. Solche Post kann von Ihrer Sekretärin direkt in den Papierkorb entsorgt werden.

2. *Wollen Sie den einen oder auch zwei andere Briefe tatsächlich beantworten, so korrespondieren Sie folgendermaßen effektiv:*
   a) Bedienen Sie sich der Sofort-Antwort. Senden Sie einfach das Originalschreiben mit Ihrem handschriftlichen Vermerk zurück. So könnten Sie die 164-seitige Revisionsbegründung der Gegenseite kurz und treffend mit dem Vermerk »juristisch unterbelichtet und

unhaltbar« versehen und an den Bundesgerichtshof zurücksenden.

b) Setzen Sie vorgedruckte Kurzbriefe ein.

Absender **Kurzbrief**

Betrifft:
☐ Brief ☐ Rechtsstreit ☐ Strafverfahren

Sachlage:
☐ falsch ☐ richtig ☐ 50:50

An

Antrag:
☐ Einspruch ☐ Beschwerde ☐ Berufung
☐ Fristverlängerung ☐ Terminverlegung

Bearbeiter Datum **Begründung:**

☐ §§ __ ☐ siehe Rückseite ☐ folgt

3. *Den Rest erledigen Sie mit computerisierten Formbriefen, wozu Sie sich der in diesem Buch bereits abgedruckten Muster bedienen können.*

6. Prioritäten

Mangel an Zeit ist eigentlich ein Mangel an Prioritäten. Mit der richtigen Prioritätensetzung erreichen Sie Ihre Ziele leichter und mit geringerem Aufwand als vorher. Hierfür müssen Sie sich nur drei Schlüsselfragen stellen.

1. ***Was sind meine langfristigen Ziele?***
   Sie sollten sich konkrete und realistische Karriereziele setzen, also nicht »reich und berühmt bis morgen«, sondern »Staranwalt mit Monatseinkommen von 250.000 Euro innerhalb von sieben Tagen«.

2. ***Welche Aufgabe bringt mich jetzt meinen langfristigen Zielen einen Schritt näher?***
   Das sind diejenigen Mandate, die sowohl lukrativ als auch medienträchtig sind. Wenn Sie beispielsweise einen prominenten Mörder mit einem Tageshonorar von 12.500 Euro verteidigen, ist dieses Mandat einer Bußgeldsache mit voraussichtlichen Gebühren von insgesamt 43,80 Euro auf jeden Fall vorzuziehen.

3. ***Warum habe ich nicht mehr 12.500-Euro-Tagesgage-Mandate?***

7. Wartezeiten

Unproduktive Wartezeiten, wie zum Beispiel Warten vor dem Gerichtssaal oder diese langweiligen Flüge in der ersten Klasse, lassen sich zur Erledigung wichtiger Aufgaben nutzen.

- → **Geben von Interviews**
- → **Lesen und Beantworten von Fanpost**
- → **Haareschneiden und Schminken**
- → **Lektüre von Mode- und Lifestylemagazinen**

8. Termine

Akzeptieren Sie niemals Termine von dritter Seite, insbesondere nicht vom Gericht. Sie lehnen einfach jeden Termin, der nicht mit Ihnen abgesprochen worden ist, ab und veranstalten darüber in der Presse ein großes Tamtam. Lassen Sie den Richtertrottel über die Presse wissen, dass Sie nicht irgendein Feld-Wald-und-Wiesen-Anwalt, sondern ein gefragter Staranwalt sind. Nur unbedeutende Anwälte stehen auf Abruf zur Verfügung. Richter haben vor nichts mehr Angst, als negativ aufzufallen. Das gilt natürlich nur für diejenigen Richter, die noch auf keiner Planstelle sitzen oder die noch befördert werden wollen, also für die Mehrheit. Schon bald wird der Richterkasper aus Angst vor weiterer karrierehemmender Presse Ihre Sekretärin anrufen und untertänigst um eine Terminabsprache bitten.

VII. Der Anwalt im Bermudaviereck

Für den Anwalt besteht die Gefahr, im Bermudaviereck zwischen Mandanten, Gericht, Gegner und Presse verloren zu gehen.

1. Das Einzige, was stört, ist der Mandant

Innenleben des Mandanten

Das Anwaltsleben könnte so schön sein. Morgens würden Sie online den Kontostand abfragen, ein paar Autogrammwünsche erfüllen und könnten schon um 11 Uhr auf dem Golfplatz sein. Wäre da nicht der Mandant, dieses lebende Honorar, mit seinen zahllosen Anliegen. Für ihn ist die Sache mit der Zahlung des Vorschusses nämlich nicht erledigt. Er erwartet tatsächlich, dass Sie dafür etwas für ihn tun. Der typische Bittsteller anwaltlicher Dienstleistungen erhofft für sich für die Überschreibung seines Vermögens gleich vier Dinge:

→ **Der Anwalt kämpft für ihn.**

Der Mandant will, dass Sie für seine Interessen kämpfen, wobei »kämpfen« wörtlich gemeint ist. Seit der Abschaffung der Selbstjustiz ist der Anwalt der Kampfhund des Bürgers zur Bezwingung des Feindes. Mandanten wünschen sich aggressive Anwälte, die dem Prozessgegner das juristische Schwert mitten ins Herz rammen. Es hilft, wenn Sie in Ihrem früheren Leben ein Dobermann waren.

Jedenfalls wenn Ihr Mandant dabei ist, dürfen Sie dem Gegenanwalt kein freundliches Wort gönnen, sondern müssen ihn verbal zusammenscheißen. Ihr ehemaliger Studienkollege und jetziger Golfpartner wird sich genauso verhalten. Abends beim Bier werden Sie herzlich über Ihre Wortgefechte vor Mandantenpublikum lachen.

→ Der Anwalt hat den Fall zu gewinnen.

Den Fall zu gewinnen, ist das Minimalziel. Mandanten sehen es allerdings gerne, wenn Sie ein wenig mehr für sie herausschlagen. Wie wird sich der Mandant freuen, wenn Sie ihm sagen: »Sepp, ich habe Ihren Prozess gewonnen, Ihre unheilbare Krankheit besiegt und Sie zu dem schönsten und reichsten Mann der Welt gemacht.«

Den Fall einfach nur zu gewinnen, lässt sich übrigens noch durch den häufigen Gebrauch von Rechtsmitteln steigern. Nehmen wir an, Sie haben für Ihren Gewohnheitsverbrecher einen Freispruch erkämpft. Wie langweilig! Wenn Sie hiergegen Berufung einlegen, können Sie zweimal einen Freispruch, wenn Sie noch Revision einlegen, dreimal einen Freispruch für Ihren Mandanten bekommen (»Sepp, ich habe Ihren Freispruch in allen Instanzen errungen und nächste Woche werden Sie vom Papst heiliggesprochen!«). Eine hübsche Werbeidee hierzu wäre: »Drei Freisprüche zum Preis von zweien.«

→ Der Anwalt steht für ihn jederzeit und uneingeschränkt zur Verfügung.

Wichtig ist die Verfügbarkeit des Anwalts rund um die Uhr. Der Mandant hält seinen Fall für den einzig wichtigen in der 2000-jährigen Rechtsgeschichte, der im Mittelpunkt der anwaltlichen Tätigkeit zu stehen hat. Der Prozesssüchtige erwartet, dass Sie alles stehen und fallen lassen, wenn ihn ein juristisches Zipperlein plagt, was häufig in der Zeit von 24 bis 3 Uhr der Fall ist. Vermitteln Sie deshalb dem Mandanten zumindest die Illusion, dass Sie sich auf ihn allein konzentrieren, indem Sie ihm Ihre private Handynummer geben. Das nächtliche Gespräch würgen Sie unter Hinweis darauf, dass um diese Zeit im Justizministerium leider niemand erreichbar sei und Sie deshalb vor dem Morgengrauen nichts für ihn erreichen könnten, ab. Das Telefonat stellen Sie ihm mit 1.000 Euro pro Minute extra in Rechnung.

→ Der Anwalt betreut ihn seelsorgerisch.

Vor allem in Familien- und Strafsachen erwartet der oftmals stark emotionalisierte Mandant eine seelsorgerische Betreuung durch seinen Rechtsbeistand. Zuhören können, Verständnis zeigen und Sterbehilfe leisten sind dann fast wichtiger, als über die einschlägigen Rechtskenntnisse zu verfügen. Die Standardfloskel hierzu ist: »Machen Sie sich keine Sorgen oder nehmen Sie eine dieser kleinen blauen Zyankalikapseln.«

Wie halte ich Mandanten bei Laune?

Die Stimmung des Rechthabergesindels lässt sich am effektivsten durch unhaltbare Prozessprognosen heben. Aussagen zum erzielbaren Erfolg in Prozent (180 – 250 %) oder Bemerkungen wie der Prozesssieg sei reine Formsache tragen dem Anwalt Anerkennung, Wohlwollen und manchmal sogar Vorschusszahlungen ein. Garantieren Sie auch und gerade in aussichtslosen Fällen den Freispruch bzw. den Prozesssieg. Der Mandant will vom Anwalt vor allem hören, dass er nicht verlieren kann.

Killerphrasen im Mandantengespräch wie etwa »Sie werden den Prozess verlieren« bis »Man wird Sie hinrichten« sollten Sie dagegen unbedingt vermeiden.

Es ist egal, ob Sie den Fall gewinnen oder verlieren, außer Sie verlieren. Denn der Mandant kann zum Feind werden, wenn er das Gerichtsroulette verliert. Er ist dann wenig geneigt, Ihre Honorarrechnung zu begleichen oder Sie weiterzuempfehlen. Diesem Ungemach können Sie vorbeugen, indem Sie ihm negative gerichtliche Entscheidungen wie folgt verkaufen:

1. *Schuld haben immer diese Kathedralen der Rechtsbeugung: »Vor Gericht und auf hoher See ist dein Leben in Gottes Hand.« Sie suggerieren damit, dass gerichtliche Entscheidungen von Zufall und Willkür bestimmt sind und sich diese auch durch Topanwälte nicht ausreichend steuern lassen. Der Vorteil dieser Methode ist, dass Sie nicht einmal zu lügen brauchen.*

2. *Der Prozessgegner hat mit schmutzigen juristischen Tricks bis hin zur Richterbestechung gearbeitet (»Die haben alle unter einer Decke gesteckt, Sepp!«).*
3. *Die Presse hat ein negatives Prozessklima gegen Ihren Mandanten erzeugt.*
4. *Es handelt sich um ein trotz einer auf modernsten Methoden beruhenden Prozessprognose nicht vorhersehbares Gottesurteil.*

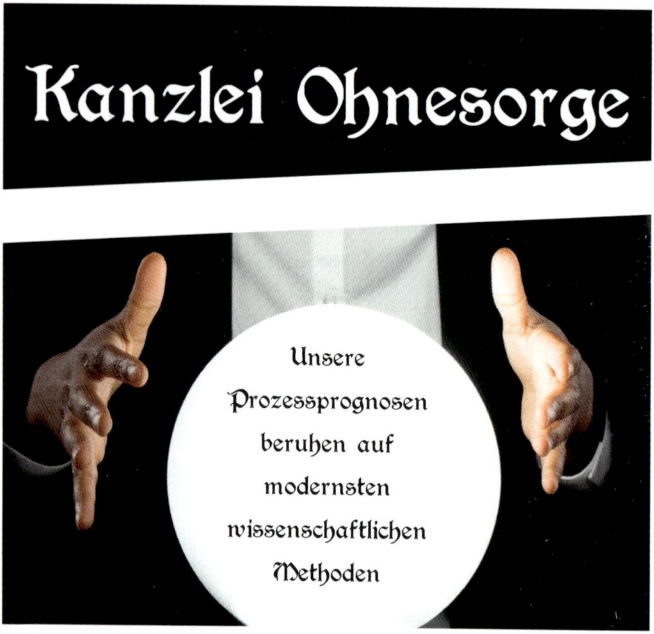

Im Richterhäuschen müssen Sie gegenüber Ihrem Mandanten kameradschaftlich auftreten. Sie müssen so tun, als hätten Sie Ihren Klienten so richtig in Ihr Herz geschlossen. Jede Andeutung einer Distanzierung wird vom Gericht und den Medien aufmerksam registriert und als Signal verstanden, dass Sie nicht wirklich an die Sache Ihres todgeweihten Vorstrafenweltrekordlers glauben. Umarmen Sie also Ihren Mandanten und geben Sie ihm innige Bruderküsse bei allen sich bietenden Gelegenheiten, insbesondere wenn Fernsehkameras in der Nähe sind. Wie Sie dem Mandanten versichern, ganz auf seiner Wellenlinie zu liegen, macht Saul Goodman in der US-Serie *Better Call Saul* vor: »Glaubt mir, ich habe vielleicht eine Anwaltszulassung, aber ich denke wie ein Krimineller.«

2. Über den Umgang mit der Richterkaste

Der Richter hat die Macht, Sie gewinnen oder verlieren zu lassen, denn der Spielraum für richterliche Entscheidungen reicht etwa von hier bis zur übernächsten Galaxie. Wozu das Recht nur sanft beugen, wenn man es auch wuchtig brechen kann? Der Croupier des Rechts hat neben Kaffeetrinken nichts anderes gelernt, als wirklich jede Entscheidung begründen zu können. Nun, das ist zugegebenermaßen etwas übertrieben, manche können auch Tennis oder Golf spielen. Zudem sind alle Richter unheilbar an dem Unfehlbarkeitswahn erkrankt. Nicht umsonst ist das Wort »Richter« nichts anderes als das Anagramm für »echt irr«. Außer bei der Konfliktverteidigung haben Sie also Anlass, sich um das Wohlwollen des Gerichts zu bemühen. Dem Prozesserfolg dienlich ist deshalb ein nachgiebiges, ja devotes Verhalten. Eine gelegentliche schmeichelhafte Bemerkung wie »Ich grüße den Präsidenten des Bundesgerichtshofs in spe« oder »Es war mir ein besonderes Vergnügen, im Sitzungssaal des größten Richters aller Zeiten zu Gast sein zu dürfen« wirkt Wunder. Heucheln Sie Anerkennung für die juristische Kompetenz des Richterclowns. Bedienen Sie sich der Kunst der Arschkriecherei jedenfalls so lange, wie ein Prozesssieg möglich erscheint. Wenn Sie ganz tief hinein wollen, vergessen Sie die Taschenlampe nicht.

Richter sind an eine im Vergleich zum Anwalt überschaubare Arbeitsbelastung und regelmäßige Dienstzeiten gewöhnt. Sie werden deshalb immer dann auf richterlichen Widerstand stoßen, wenn Sie dem DiMiDo-Richter entweder Mehrarbeit bescheren oder ihn zur Unzeit, das ist alles vor 10 und nach 13 Uhr, behelligen.

Beispiel: Präsentieren Sie in einem Gerichtstermin nach 14 Uhr noch schnell vier sistierte Zeugen, wird der Verhandlungsmuffel diese nicht vernehmen, sondern danach trachten, eine »Mondscheinsitzung« durch Ablehnung der Zeugenvernehmung zu vermeiden.

Im Zivilprozess zeigt sich die freizeitorientierte Schonhaltung der richterlichen Faultiere in folgenden Phänomenen:

→ **Das Lieblingswort des in der Zivilgerichtsbarkeit tätigen Anwaltsschrecks heißt »nicht hinreichend substantiiert«. Der Schwarzroben- und Bedenkenträger will damit ausdrücken, dass er aufgrund ersparter Beweisaufnahme um 12 Uhr Feierabend hat.**

→ **Schlägt das Gericht einen Vergleich vor, verfallen Sie nicht dem Irrglauben, dieser Vorschlag entstamme einer zutreffenden richterlichen Einschätzung der Sach- und Rechtslage. Freund Lahmarsch macht sich vor, während und nach der Sitzung oft überhaupt keine Gedanken über den Fall. Der Konsensromantiker will sich durch Vergleiche vielmehr nur die rechtliche Würdigung und die Absetzung eines Urteils ersparen.**

Die richterliche Arbeitsgeschwindigkeit kommentieren Sie je nachdem, auf welcher Seite Sie auftreten. Wenn Sie auf Klägerseite auftreten, rügen Sie die Verfahrensbearbeitung als irgendwo zwischen Rechtsverweigerung und Stillstand der Rechtspflege angesiedelt. Auf Beklagtenseite hingegen gibt ein sich über Jahre hinschleppender Rechtsstreit Anlass, die sorgfältige Arbeitsweise des Gerichts zu loben.

Nicht viel besser geht es im Strafprozess zu. Kaum ist die Anklage verlesen, schlägt das Gericht einen Deal vor. Milde Strafe gegen Geständnis. Der auf ein halbes Jahr angesetzte Prozess würde sich so auf eine Stunde verkürzen. Kommt bei dem Angeklagten und seinem Verteidiger keine spontane Begeisterung auf, wird das Schreckensbild einer Höchststrafe an die Wand gemalt. Manch einer nimmt dann doch die zwei Jahre auf Bewährung statt lebenslänglich mit anschließender Sicherungsverwahrung. Lässt sich der Angeklagte nicht auf einen Deal ein und gesteht auch sonst nicht, wird das Gericht versuchen, die Beweisaufnahme so kurz wie möglich zu gestalten. Von dem Gedanken »Wir essen zeitig zu Mittag« beseelt, werden einfach alle Beweisanträge rigoros abgelehnt.

Wenn Sie sich dauerhaft über einen bestimmten Paragrafen-Klugscheißer ärgern, versuchen Sie es doch mal mit folgendem Schreiben:

An das
Justizministerium

Antrag auf Entlassung des Richters X aus dem richterlichen Dienst

Nach § 21 Abs.2 Nr.5 DRiG ist ein Richter zu entlassen, wenn er dienstunfähig ist. Dienstunfähigkeit liegt vor, wenn der Richter infolge der Schwäche seiner geistigen Kräfte zur Erfüllung seiner Dienstpflichten dauernd unfähig ist, § 42 Abs.1 BBG.

Der Richter ______ erfüllt die intellektuellen Mindestvoraussetzungen für die Ausübung des Richteramts nicht mehr. Er hat die in dem Rechtsstreit __ ./. __ vollumfänglich begründete Klage als unschlüssig abgewiesen. Indem er die Begründetheit der Klage nicht erkannt hat, hat er gezeigt, dass er die elementaren Denkgesetze nicht mehr beherrscht. Die intellektuellen Defizite des Richters haben bereits die Grenze zur Geisteskrankheit erreicht. Er leidet an der Unschlüssigkeitspsychose, das heißt der Wahnvorstellung mangelnden Sachvortrags und der Halluzination erheblichen Beklagtenvorbringens. Der Richter ist eine Gefahr für die Allgemeinheit und deshalb sofort aus dem Dienst zu entfernen!

3. Der andere Anwalt – das feindliche Wesen

In den letzten Jahren ist es zu einer spektakulären Zunahme von Anwälten gekommen. Anwälte vermehren sich schneller, als man das Wort »Juristenschwemme« aussprechen kann. Die explosionsartig zunehmende Konkurrenz führt dazu, dass mancher Anwalt um seine Existenz kämpfen muss. Das Verhalten der Anwälte untereinander ist deshalb von Neid, Missgunst und Mordgedanken geprägt. Die Regeln des Konkurrenzkampfes sind in § 36 der anwaltlichen Berufsordnung festgelegt:

§ 36 BRAO – Das Verhalten gegenüber Kollegen

Die Interessen des Mandanten gehen jeder Kollegialität vor. Der Anschein der Illoyalität durch faires und höfliches Verhalten gegenüber dem Gegenanwalt ist von vornherein zu vermeiden. Die im Rahmen von Rechtsstreitigkeiten gegenüber anderen Anwälten gemachten Äußerungen unterfallen nicht den §§ 185 ff. StGB. Das Abwerben von Mandanten und jede Form des beruflichen Kannibalismus ist erlaubt.

Gegenüber dem Mandanten müssen Sie sich der David-und-Goliath-Technik bedienen. Sie schildern die gegnerischen Rechtsverdreher als Super-Anwälte. Die geballte Macht einer Lawfirm mit 2000 Spitzenanwälten gegen Sie allein. Die Gegenanwälte verfügen allesamt über Spitzenexamina und haben seit der Einführung des römischen Rechts keinen einzigen Prozess verloren. Eine Niederlage wird angesichts dieser widrigen Umstände weniger blamabel, ein Sieg viel strahlender erscheinen.

4. Ruhm durch Medienfritzen

Haben Sie nicht immer schon davon geträumt, Ihr Gesicht auf den Titelblättern von SPIEGEL, *Stern* und *Super-Illu* zu sehen, zu Fernseh-Talkshows eingeladen zu werden und ein begehrter Interviewpartner zu sein? Das erreichen Sie nicht, wenn Sie sich der üblichen anwaltlichen Zurückhaltung gegenüber der Presse bedienen. Benutzen Sie stattdessen die Medien zur Selbstdarstellung.

Bei Sensationsprozessen fällt die Publicity für Sie quasi als Nebenprodukt ab. Denn sowohl der Anklage- als auch der Urteilsfritze gibt in der Regel keine Interviews, weshalb die Journalisten bei der Suche nach exklusiven Insiderinfos auf die Auskünfte des Anwalts angewiesen sind. Erringen Sie dann den großen juristischen Sieg, werden Sie auf ewig bekannt sein, als »der Anwalt, der den X-Fall gewonnen hat«. Das gilt leider auch umgekehrt.

Ansonsten müssen Sie sich einen guten Zugang zu den Medien erst langsam aufbauen. Pflegen Sie enge Kontakte zu den Medienvertretern. Laden Sie sie zum Essen, zu einer Pressereise zum Supreme Court nach Washington oder in Ihr Bett ein. Halten Sie immer ein paar kleine Give-aways wie Golduhren oder Blankoschecks bereit.

Für jeden Pressekontakt brauchen Sie einen Anlasser oder ein Thema, möglichst eines, für das sich die Presse interessiert. Sie können nicht einfach beim *Focus* anrufen und dem Redakteur sagen: »Sepp, ich brauch mal wieder ein Interview von mir als Titelgeschichte in der nächsten Ausgabe.« Geeignete Aufhänger könnten sein:

- → **Annahme eines publicityträchtigen Mandats (Verteidigung von Jack the Ripper)**
- → **Prozesssieg oder Freispruch für Mandanten**
- → **Jubiläen (»Der 1000. Freispruch«, »10 Jahre haftungsfrei«)**
- → **Ehrungen und Preise (Wahl zum »Anwalt des Jahres«)**
- → **Grundsteinlegung Ihres neuen Kanzleigebäudes Marke »Justizpalast«**
- → **Sonderaktionen (»Scheidungswochen – gib deinem Alten einen Tritt! – Wir nehmen ausgediente Ehemänner zu Höchstpreisen in Zahlung«)**

Das Interview

TV-Reporter: »Ist der Freispruch des Kindermörders Ihrer brillanten Verteidigung zu verdanken?« Anwalt: »Es ist leicht zu gewinnen, wenn man einen unschuldigen Mandanten hat.« TV-Reporter: »Dann hätte jeder Anwalt diesen Fall gewonnen?« Anwalt: »Aber nein, nur ich konnte ihn vor dem elektrischen Stuhl retten. Denn dieser Schwerverbrecher war schuldig, wie man nur schuldig sein kann, und es war sehr schwer, das Gericht vom Gegenteil zu überzeugen.«

Noch ein Tipp: In Fernseh-Talkshows kommt man leicht, wenn man provokante Thesen mit sexuellem Einschlag vertritt. Versuchen Sie es doch mal mit Themen wie »Paarungszeit im Gericht – Richter missbrauchen Praktikantinnen« oder »Stotternde Staatsanwälte – P-Plädoyers für die E-E-Ewigkeit?«
Weitere nette Presse-Rabatz-Ideen sind:

1. *Geben Sie Autogrammstunden im Untersuchungsgefängnis.*
2. *Fototermin mit Promi-Mandanten im Gerichtssaal*
3. *Signierstunde Ihres ersten Buches »Meine 100 besten Plädoyers«*
4. *Veranstalten Sie ein Preisausschreiben. Als Belohnung für eine nicht allzu schwere Frage könnten Sie folgende Preise ausloben: 1. Preis: Ein Freispruch für ein Delikt Ihrer Wahl, 2. Preis: Eine Scheidung, 3. Preis: Ein Anwaltsschreiben an Ihren Lieblingsfeind usw.*

Noch ein Gratis-Tipp zum Schluss dieses Kapitels: Bestehen Sie bei jedem Artikel über einen Ihrer Fälle darauf, dass Sie in diesem mit Namen und Bild erscheinen! Bestehen Sie zudem darauf, dass Sie in dem Artikel als »Staranwalt« bezeichnet werden.

VIII. Personality Styling für Anwälte

1. Styling als Mandantenmagnet

Wenn ein Mandant einen Anwalt beauftragt, ergeht es ihm wie einem Patienten, der sich einem Herzchirurgen unters Messer legt. Er betet nur, dass die Operation gelingt, bekommt von dieser selbst nichts mit (außer die Narkose ist zu niedrig dosiert) und kann das Resultat erst nach dem Aufwachen beurteilen. Auch der Mandant kann die Kompetenz des Anwalts im Voraus nicht beurteilen, versteht das juristische Hickhack während des Paragrafenturniers nicht und kann erst anhand des Prozessausgangs beurteilen, ob der Anwalt etwas getaugt oder sich als Niete erwiesen hat. Der Gerechtigkeitsjünger muss den Anwalt deshalb ohne sichere Tatsachengrundlage über dessen Fachkompetenz beauftragen. Vertrauen ersetzt hierbei Tatsachen. Wie gewinnt man das Vertrauen eines Mandanten? Durch das In-den-Mund-Stecken von Zuckerwürfeln? Bei manchen Mandanten, insbesondere den unter Sechsjährigen, sicherlich ein guter Anfang. Ansonsten durch eine seriöse und erfolgreiche Ausstrahlung. Es ist also allein das Image des Anwalts, das Mandanten anzieht. Mit dem richtigen Personality Styling werden Sie ein Image bekommen, das Mandanten anzieht wie eine läufige Hündin die Rüden.

2. Kleider machen Beute

Der anwaltliche Dresscode besteht in konservativer und damit seriöser Kleidung, irgendwo zwischen Vorstellungsgespräch und Staatsbegräbnis angesiedelt.

Für den Herren empfiehlt sich ein zweireihiger Maßanzug mit Weste in den Farben Schwarz oder Dunkelgrau. Diesen sollten Sie sich in der Londoner Savile Row maßschneidern lassen. Wenn Sie noch ein kleiner Habenichts sind, ist notfalls Konfektionsware von Armani und Boss angemessen, bei Charme & Anmut dürfen Sie hingegen nicht mehr einkaufen. Das Geheimnis ist, sich unauffällig, aber teuer zu kleiden. Unter dem Anzug sollten Sie ein Hemd, wahlweise in den Farben Brillantweiß, Reinweiß oder Schneefarben tragen. Hinzu kommt eine Krawatte mit dem klassischen Rentner-Muster.

Als Armbanduhr sollten Sie ein Statussymbol – wie zum Beispiel Prolex – tragen. Dies ist für den Mandanten ein Zeichen von finanziellen und damit auch für beruflichen Erfolg.

Als Frau können Sie sich etwas modemutiger zeigen. Sie können Kostüm oder Hosenanzug nicht nur in den Farben Schwarz oder Dunkelgrau, sondern zusätzlich auch in Dunkelblau tragen.

Die Statussymbole der Damen sind Halsketten, Ohrringe und Diamantringe. Sie können damit nicht nur jedermann vor Neid erblassen lassen, sondern den Prozessgegner bei günstiger Lichteinstrahlung auch so lange blenden, bis sein Augenlicht erloschen ist.

Das wichtigste Accessoire für beide Geschlechter ist eine große schwarze Aktentasche. Da muss außer einem Stapel Vollmachtformulare und dem Montblanc-Füller überhaupt nichts drin sein. Die Aktentasche dient letztlich als optisches Erkennungszeichen von Anwälten und lässt diese von Leichenbestattern unterscheiden.

3. Das imposante Büro

Das Wichtigste ist, dass die Kanzlei repräsentativ ist. Für den Eingangsbereich sind Marmor, Messing, Walnussholz, indirekte Beleuchtung und teure Teppiche anzuraten.

Für Ihr eichengetäfeltes Büro brauchen Sie einen übergroßen Teakholzschreibtisch. Mindestens drei mal zwei Meter beeindrucken nicht nur den Mandanten, sondern schaffen auch eine gesunde Distanz zu ihm. Eine Justitia-Figur aus Bronze suggeriert, Sie würden für Gerechtigkeit sorgen. Mandanten fühlen sich übrigens in Designer-Ledersesseln am wohlsten.

Den Platz hinter dem Schreibtisch sollte eine Bücherwand füllen. Entsetzt werden Sie sich jetzt fragen, ob Ihre drei Bücher auf zehn Regalmeter verteilt nicht etwas verloren wirken. Dieses Problem lässt sich durch einen Anruf beim antiquarischen Buchhandel (antiquarisch ist alles bis zum letzten Jahr Erschienene) leicht lösen. Einen laufenden Meter Juraaltlasten kriegen Sie dort für nicht einmal 250 Euro. Die eindrucksvolleren ledergebundenen Bücher sind leider etwas teurer.

An zentraler Stelle im Büro sollten Sie gerahmte Zeugnisse Ihrer Wichtigkeit aufhängen. Gut macht sich eine Galerie von Fotos, auf denen Sie zusammen mit Prominenten und Staatsoberhäuptern zu sehen sind. Diese sollten Sie auflockern mit ein paar Urkunden wie zum Bespiel mit der Verleihung des »Giganten der Gerechtigkeit 2017«. Mit dem Computer und einem Urkunden-Design-Programm lassen sich leicht beeindruckende Ergebnisse erzielen. Achten Sie nur darauf, dass die Universitätswappen schön groß sind und dass die Worte »Harvard« und »Yale« darin vorkommen. Beeindruckend ist auch die Mitgliedsurkunde von Rotary International gleich neben dem Bundesverdienstorden. Absehen sollten Sie allerdings von dem Aufhängen Ihrer Examensurkunden. Möglicherweise findet der Mandant »knapp ausreichend« doch nicht so beeindruckend, wie Sie annehmen.

4. Das automobile Statussymbol

Entscheidend für Ihren beruflichen Erfolg ist schließlich, mit welcher Automarke Sie bei den architektonisch Altersheimen nachempfundenen Richterbuden vorfahren. Die meisten Nullachtfünfzehn-Anwälte unterschätzen, mit welch großer Aufmerksamkeit ihr Auftritt auf dem Gerichtsparkplatz beobachtet wird. Was glauben Sie, was die Richterheinis beim tagesausfüllenden Kaffeetrinken machen? Sie bohren in der Nase und beobachten, wer auf dem Gerichtsparkplatz mit welchem Auto vorfährt. Das Gleiche gilt für auf den Gerichtstermin wartende Mandanten. Diese kommen in ihrer Aufregung immer mindestens eine halbe Stunde zu früh (Merke: Anwälte kommen nie zu früh! Deshalb sind sie so begehrte Liebhaber ...) und warten, den Gerichtsparkplatz beobachtend, nervös auf ihren Anwalt.

Folgende Nobelschlitten stehen für Erfolg, Reichtum und Potenz:

→ **Rolls-Royce**
→ **Ferrari Testosteron**
→ **Porsche 991**

Fahren Sie hingegen mit einer der folgenden fahrbaren Untersätze vor, hält man sie unweigerlich für einen Anwaltsversager:

→ **VW Prolo**
→ **Fiat Panda**
→ **Trabant**

IX. Die Mandantenjagd

1. Zauberwort »Akquisition«

Akquisition nennt sich die Jagd des Anwalts nach Mandanten. Mandanten sind wie Fische: Sie sind dazu da, um gefangen, getötet, ausgenommen und gegessen zu werden. Ein echter Mandantenjäger führt nicht nur Verfahren, er schafft auch neue Verfahren. Die Anwaltskunst besteht darin, nicht nur bereits vorhandene Bedürfnisse des Mandanten zu erfüllen, sondern auch, Bedürfnisse erst zu wecken. Vielen potenziellen Prozesshanseln ist ihr latentes Bedürfnis zum Prozessieren gar nicht bewusst. Ihre Aufgabe als Anwalt ist es, vorhandene Prozessneurosen zu entdecken und ihnen zum Durchbruch zu verhelfen. Sie können sich hierbei den seit Kindesbeinen eingeprägten Glauben an die grundsätzliche Gerechtigkeit des Lebens zunutze machen. Die Menschen glauben tatsächlich daran! Sie glauben auch daran, dass Ungerechtigkeiten aus der Welt geschafft werden müssen, notfalls mit juristischer – also Ihrer – Hilfe. Um sich hier als Anwalt ins Spiel zu bringen, müssen Sie die möglichen Klienten nur über die ungeahnten Möglichkeiten der Lösung ihrer sämtlichen Konflikte und Probleme durch juristische Mittel aufklären. Suggerieren Sie potenziellen Prozess-Junkies, dass sich jedes auch nur denkbare Ungemach mit Ihrer Hilfe in viel, viel Geld ummünzen lässt. Stellen Sie Seelenfrieden durch Rache per Gerichtsurteil in Aussicht. In hartnäckigen Fällen fügen Sie hinzu, dass er ein Feigling sei, wenn er sich irgendetwas gefallen ließe.

2. Das ideale Anwaltsfutter

Mandanten sind die natürliche Ressource, die in Kanzleien in Geld, Sportwagen, Ferienhäuser und attraktive junge Freundinnen verwandelt wird. Der ideale Mandant ist der sehr reiche Mann mit sehr großen Problemen. Letzteres ist allerdings zweitrangig, da ein Staranwalt wie Sie auch aus einer juristischen Mücke einen gerichtlichen Elefanten machen kann. Worauf Sie keinesfalls verzichten können, ist aber, dass der potenzielle Auftraggeber sehr reich ist. Unter »sehr reich« versteht man mindestens Millionäre, besser noch Billionäre. Immerhin gibt es in Deutschland rund 900 000 Millionäre.

Goldesel für den Staranwalt sind auch Fortune-500-Unternehmen. Das US-Wirtschaftsmagazin *Fortune* veröffentlicht jährlich eine Liste der 500 umsatzstärksten Unternehmen. Darauf stehen illustre Namen wie Allianz, Nestlé und Daimler. Sie verfügen über ein unbegrenztes Budget für Rechtsstreitigkeiten.

Hervorragende Mandanten sind auch Versicherungsgesellschaften. Ihr Geschäftsmodell besteht darin, hohe Versicherungsprämien einzukassieren, sich davon Glaspaläste in Toplagen zu bauen und nie etwas an den Kunden auszuzahlen. Deshalb fürchten sie nichts mehr als einen Schadensfall. Dann sind sie durchaus bereit, dem Anwalt ein Honorar zu zahlen, das weit über dem geltend gemachten Schaden liegt.

Reiche Berufskriminelle sind ebenfalls lohnende Mandanten. Das sind etwa Drogenbarone, Mafiapaten und Auftragskiller. Sie zahlen bar und brauchen Ihre Hilfe regelmäßig. Solche Premiumkunden der Justiz sind zudem eine tolle Quelle für Weiterempfehlungen. Wenn Sie diese Mandanten allerdings enttäuschen, könnten Sie in einem blauen Müllsack auf der nächsten Deponie enden.

Interessant sind auch rechtsschutzversicherte Mandanten. Eine Rechtsschutzversicherung ist ein Selbstbedienungsladen, der problemlos durch aussichtslose Klagen und überhöhte Rechnungen gemolken werden kann. Manche Rechtsschutzversicherungen werben sogar damit, Deckungszusagen ohne Prüfung der Erfolgsaussichten zu erteilen. Damit lassen sich auch Mickerproblemchen wie ein Krieg der Gartenzwerge in Honorare umwandeln. Es wäre töricht von einem Anwalt, diese Goldgrube nicht auszubeuten.

3. Werbung für Staranwälte

Mit der richtigen Werbung können Sie potenzielle Mandanten auf Ihre überragende Kompetenz aufmerksam machen und sich als Prozessspekulant am Rechtsanwaltsmarkt nachhaltig durchsetzen.

Die herkömmliche Anzeige von Rechtsanwälten in Tageszeitungen sieht etwa wie folgt aus:

> Kanzleieröffnung
>
> **Rechtsanwalt Norbert Niete**
>
> Ich habe am 01.03.2017 meine Kanzlei eröffnet und stehe Ihnen in allen juristischen Fragen gerne zur Verfügung:
>
> Bürozeiten: Mo-Do 9–18, Fr 9–14 Uhr
>
> Kümmergasse 4, 20436 Deppenhausen, Tel. 040/652†††

Auf diese dem Stil von Todesanzeigen nachempfundenen Anzeigen meldet sich in der Regel kein Mandant. Versuchen Sie es stattdessen mal mit folgenden Anzeigen:

Ein Muss für jeden Anwalt ist eine beeindruckende Website. Was Sie dafür brauchen, ist ein Foto von Ihnen vor beeindruckender Kulisse wie etwa dem Bundesgerichtshof. Darüber platzieren Sie den Kanzleislogan (»Ein guter Anwalt kennt das Recht, ein besserer kennt den Richter«). Daneben sollten Sie noch Ihre Rechtsgebiete aufführen und eine beeindruckende Vita einstellen. Nicht fehlen dürfen natürlich auch Fotos von Promi-Mandanten, die Sie bereits vertreten haben. Der Mandantenstamm eines Staranwalts setzt sich schließlich hauptsächlich aus Berühmtheiten zusammen. Wenn es an denen noch fehlt, lassen sich mit Photoshop schnell ein paar hübsche Bilder erstellen, auf denen Sie Politikern, Managern, Musikern und Schauspielern per Handschlag zu ihrem Prozesssieg gratulieren.

Als weitere Träger für eine erfolgreiche Werbung können Sie folgende Möglichkeiten in Betracht ziehen: Broschüren, Anzeigen, TV-Werbung, Rundfunk- und Kinospots, beschriftete Streifenwagen, bestickte Anwaltsroben und bemalte Gerichtsfassaden. Oder Sie lassen ein Flugzeug mit Schleppbanner über einem Gefängnis kreisen.

Inhaltlich müssen Sie sich durch eine möglichst protzige Eigencharakterisierung von anderen Anwaltsbüros abheben. Hierfür eignen sich die Angabe von Erfolgszahlen (»Wir gewinnen 95 % unserer Fälle«) sowie Hinweise auf publicityträchtige Mandate und prominente Mandanten (»Der Anwalt, dem die Prominenten vertrauen«) in besonderer Weise. Wenn Sie auf Wirtschaftsmandate aus sind, sollten Sie mal den Zusatz »one of the world leading law firms« probieren.

Bezeichnen Sie Ihr Büro auch nicht schlicht als »Kanzlei«. Das ist nicht mehr zeitgemäß. Ihr Hang zur Größe sollte auch im Kanzleinamen zum Ausdruck kommen. Bewährt haben sich Bezeichnungen wie »Anwaltsuniversum«, »Advokatenwelt« oder »Staranwaltsland«.

Die Zeiten, in denen man als Generalist (»Wald-und-Wiesen-Anwalt«) überleben konnte, sind vorbei. Gefragt ist heute der spezialisierte Alleskönner. Sie müssen sich deshalb unbedingt als EXPERTEN bezeichnen. Ihr lichtloses Arbeitszimmer upgraden Sie zur EXPERTENKANZLEI. Damit Ihnen gleichwohl keine Mandate durch die Lappen gehen, bezeichnen Sie sich als EXPERTEN FÜR ALLE

RECHTSGEBIETE. Nun, so nennen sich heute viele. Steigern Sie deshalb zum FACHEXPERTEN FÜR ALLES! Die Wahrheitspflicht gemäß § 138 Abs.1 ZPO gilt für die Anwaltswerbung nicht. Ihrer Fantasie für zugkräftige Werbeversprechen sind deshalb keine Grenzen gesetzt. Als ungemein werbewirksam haben sich folgende Anpreisungen erwiesen:

Wirtschaftsanwalt: »Individuelle Aufhebungsverträge – täuschend echt und auch rückdatiert«.

Steueranwalt: »Achtung Steuerflüchtlinge! Steueroasen, -paradiese und -schlupflöcher frisch eingetroffen.«

Bei der konkreten Gestaltung und dem Inhalt Ihrer Werbung ist Kreativität gefragt. Deshalb hier nur ein paar Anregungen.

1. ***Idee für Kinospot:*** *Straftäter sitzt auf dem elektrischen Stuhl. Der Henker legt den Schalter um und der Verurteilte wird gegrillt. Bildunterschrift: »Vielleicht hätte er jemand fragen sollen, der sich damit auskennt: Anwalt Frey Spruch.«*

2. ***Idee für Handzettelverteilen:*** *Sie lassen einen Hubschrauber über dem Gefängnishof kreisen und Handzettel mit folgendem Text abwerfen: »Wollen Sie hier raus? Ich kann helfen! Anwalt X – der Fachexperte für Wiederaufnahmeverfahren, Tel. … «*

3. ***Ideen für Plakatwerbung:*** *Ihr Foto ist auf einer großen Plakatwand (mindestens 3,6 mal 2,6 Meter) abgebildet. Text: »Haben Sie sich heute schon geärgert? Das muss nicht sein! Anwalt X – Ihr juristischer Dobermann in allen Alltagsfragen.«*

Liste der 13 besten Werbeslogans

- → Auf diese Rechtsanwälte können Sie bauen.
- → Wir gewinnen nicht immer, aber immer öfter.
- → Anwalt X wäscht Ihre weiße Weste nicht nur sauber, sondern rein.
- → Anwalt X weiß, was Mandanten wünschen.
- → Der beste Anwalt, den es je gab.
- → Der Anwalt, der Richter provoziert.
- → Der 5-Minuten-Freispruch von Anwalt X … 'ne tolle Idee.
- → Der Anwalt an Ihrer Seite.
- → Anwalt X. Dann klappt's auch mit dem Freispruch.
- → Nie war Freiheit so wertvoll wie heute.
- → Anwalt X. Da werden Sie geholfen!
- → Lügen aus Leidenschaft
- → Wenn der Staatsanwalt dreimal klingelt.

Die Justiz setzt dagegen einfallslos seit Jahrzehnten auf denselben Slogan:

4. Zeitgemäße Methoden der Mandantenakquirierung

Sie dürfen nicht in Ihrem Anwaltsgehege sitzen und abwarten, dass das scheue Mandantenwild zu Ihnen kommt. Als Mandantenjäger müssen Sie an den Ort des Geschehens, dorthin, wo ein möglicher Rechtsstreit entsteht. Hierzu einige Beispiele:

1. *Zu Verkehrsunfallmandaten kommen Sie, wenn Sie eine von Nobelkarossen stark befahrene Straße aufsuchen. Das sind in der Regel die Einflugschneisen zu Luxushotels, Spielbanken und Edelbordellen. Dort stellen Sie sich an die nächste Kreuzung und warten. Passiert auch nach 20 Minuten nichts, helfen Sie durch ein paar marginale Änderungen an der Vorfahrtsbeschilderung bzw. der Ampelschaltung nach. Hat es gekracht, bieten Sie einem Unfallbeteiligten Ihre Dienste an. Die Auswahl des lukrativeren Mandanten lässt sich leicht an der Automarke und der Schwere der Verletzungen orientieren. Schwer verletzter Porsche-Fahrer ist besser als unverletzter Škoda-Fahrer.*

2. *Lesen Sie regelmäßig die* Bild-Zeitung *und die sonstige Klatschpresse. Achten Sie auf Verleumdungen, getürkte Interviews und heimlich aufgenommene Nacktfotos von Stars, also auf den gesamten Inhalt. Dann rufen Sie den Agenten des Stars an, erklären, Sie hätten schon alles erledigt, die Gegendarstellung erschiene in der nächsten Ausgabe und es gäbe nur die Vollmacht zu unterschrei-*

ben. Als Schmerzensgeld für die Rufschädigung Ihres Mandanten sollten Sie niemals weniger als 300.000 Euro verlangen, weil das bei dem üblichen Erfolgshonorar von einem Drittel haargenau 100.000 Euro für Sie ergibt.

3. *Die meisten Strafverteidiger begnügen sich damit, Stapel von Visitenkarten im Knast zu deponieren. Das ist viel zu spät! Um Ihrer Konkurrenz eine Nasenlänge voraus zu sein, können Sie den Polizeifunk abhören. Es sollte Ihnen so gelingen, gleichzeitig mit dem Sheriff am Tatort zu sein und den Täter zur sofortigen Vollmachtserteilung zu motivieren (»Nur ich kann Sie vor der Todesstrafe retten«). Wenn Ihnen das zu anstrengend ist, stellen Sie sich doch einfach vor das Eingangstor der Untersuchungshaftanstalt und drücken jedem frisch Eingelieferten Ihre Visitenkarte und ein Vollmachtsformular in die Hand.*

4. *An Scheidungsmandate kommen Sie am leichtesten in Eheberatungsstellen oder Frauenhäusern. Das dort vorrätige Mandantenmaterial können Sie allerdings nur auf Prozesskostenhilfebasis vertreten, was Sie gleich wieder vergessen können. Was Sie brauchen, sind Mandanten mit einem großen Ehevermögen, von dem es nach Ihrer Honorarrechnung leider nicht mehr viel zu verteilen gibt. Um an diese zu kommen, brauchen Sie einen Privatdetektiv, welcher eine beliebige männliche wohlhabende, verheiratete Person ein paar Tage beschattet. Männer gehen statistisch gesehen 1,2-mal am Tag fremd, wenn nicht,*

müssen Sie ein Callgirl auf Ihren zukünftigen Prozessgegner ansetzen. Mit den Fotos des Seitensprungs begeben Sie sich zur noch ahnungslosen Ehefrau und erklären, Sie seien Scheidungsanwalt und diese Schweinerei würde den anderen sein ganzes Vermögen kosten.

5. *Werden Sie ein »Ambulance chaser«. Das sind Anwälte, die nach Unfällen oder Verbrechen dem Rettungswagen bis in die Notaufnahme des Krankenhauses folgen. Jeder durch Unfall oder Gewalt Verletzte schreit geradezu danach, dass Sie ihn in einem Schadensersatzprozess vertreten. Sie erklären den sowieso durch Schock und ihren Verletzungen hilflosen Personen, dass Ihre Kanzlei mehr Schadensersatzprozesse bearbeitet als jede andere Kanzlei. Sie würden dem Patienten jede Verletzung vergolden können. Die Versicherungen hätten Angst vor Ihnen. Wichtig ist, sich die Vollmacht noch am Krankenbett unterschreiben zu lassen.*

6. *An erbrechtliche Mandate kommen Sie durch das Studium der Todesanzeigen in der Tageszeitung. Schon die Größe der Todesanzeige lässt Rückschlüsse auf die zu verteilende Erbmasse zu. Ganzseitig bedeutet große Heuer, briefmarkengroß Hungerlohn. Sie sollten sich dann zu der Beerdigung begeben und insbesondere die etwas abseits stehenden Personen befragen, ob sie auch ausreichend am Erbe beteiligt worden sind. Oder Sie stellen einen ausrangierten Leichenwagen mit der Aufschrift »Enterbt? Das muss nicht sein« vor dem Friedhof ab.*

7. *Insolvenzmandate lassen sich bequem durch die Lektüre des Wirtschaftsteils Ihrer Tageszeitung aufspüren. Achten Sie auf Berichte von Unternehmen in finanziellen Schwierigkeiten. Rufen Sie den Firmeninhaber an und versprechen Sie, die Firma zu retten oder jedenfalls noch vorhandene Werte anfechtungssicher in sein Privatvermögen zu überführen (»Kein Cent den Gläubigern!«).*

5. Mandantenklau

Die Zahl lukrativer Strafverteidigungen ist leider begrenzt. Was tun Sie, wenn ein Konkurrent schneller war und Ihnen das Mandat vor der Nase weggeschnappt hat? Ganz einfach, Sie jagen ihm den Mandanten wieder ab. Die Zaubermittel dazu heißen falsche Versprechungen und Schlechtmachen des Kollegen.

»Ich hole Sie raus!« wirkt auf Untersuchungshäftlinge immer. »Wenn Sie mir die Vollmacht unterschreiben, kommen Sie hier raus, bevor die Tinte trocken ist.«

Der Kollege wird durch Formulierungen wie »Der kann das nicht« oder »Ich kann das besser« schlechtgemacht. Erzählen Sie von dem nach dem Namen des Konkurrenten benannten Westflügel des Gefängnisses, in dem Dutzende seiner ehemaligen Mandanten langsam verwesen. Wenn das nicht reicht, könnten Sie flüsternd hinzufügen: »Ich kenne den Richter.«

X. Anwaltliche Karrierebauklötze

1. Der Doktor und andere Titel

Der wichtigste Karrierebaustein für einen Staranwalt ist ein klangvoller Name. Können Sie sich einen Staranwalt mit dem Namen Heinz Strullmeier vorstellen? Deshalb sollten Sie Ihren Allerweltsnamen mit akademischen Graden tunen. Diese verhelfen Ihnen zu Prestige, Karriere und vielen willigen Sexpartnern. Zu diesem Schlaraffenland führen zwei Wege, nämlich die Erlangung durch Leistung oder durch Bezahlung.

Wenn Sie sich einen akademischen Titel tatsächlich erschreiben wollen, verabschieden Sie sich für lange Zeit aus dem Kreis der zufriedenen Menschen. Eine juristische Promotion dauert als Ganztagshobby durchschnittlich zwischen 36 Monaten bis hin zu drei Jahren. Für die Habilitation zum Professor müssen Sie zusätzlich noch mit mindestens 20 Jahren rechnen.

Mit achtfacher Warp-Geschwindigkeit erreichen Sie den Doktortitel hingegen durch Konsultierung des internationalen Titelhandels. Namhafte Universitäten, wie etwa die

»Great Law School of Swaziland« oder die »Fred Feuerstein Universität«, sind gegen eine bescheidene Spende in fünfstelliger Höhe gern bereit, Ihnen den Doktor- und Professorentitel ganz ohne Erstellung einer Arbeit zu verleihen. Diese Titel können Sie problemlos in jedem Einwohnermeldeamt in Ihren Personalausweis eintragen lassen. Denn der deutsche Beamte empfindet eine tief verwurzelte Ehrfurcht vor Titeln, offiziellen Stempeln und guter Kleidung und wird für eine Verwaltungsgebühr von 10 Euro all Ihre Wünsche erfüllen, sofern sich diese mit Stempeln erledigen lassen.

Wenn Sie Wert auf den Doktortitel einer deutschen Universität legen, sollten Sie auf Anzeigen sogenannter Promotionsberatungen achten. Diese pflegen Kontakte zu nur wenig anspruchsvollen Schmalspur-Professoren. Solche Doktorschmieden entstehen oft durch die miserable Ausstattung des Lehrstuhls in Verbindung mit anonymen Spenden Dritter. Selbstverständlich schreibt der Promotionsberater die Dissertation nicht für Sie. Er liefert nur vollkommen untergeordnete Unterstützungsbeiträge zu Ihrer Arbeit wie etwa das Finden des Dissertationsthemas, die Literaturrecherche, das Erstellen einer Gliederung, die schriftliche Abfassung der Arbeit usw. Im englischen Sprachraum nennt man den Promotionsberater übrigens Ghostwriter.

Sehr schmückend ist des Weiteren ein Adelstitel. Bei Konsul Weyer und anderen können Sie Adelstitel in den Geschmacksrichtungen Prinz, Fürst, Herzog und Präsident der Vereinigten Staaten beziehen.

Wenn Sie dies alles beachtet haben, sieht Ihre goldgeprägte Visitenkarte nun folgendermaßen aus:

2. Fachanwalt als Meistertitel des Rechts

Die Führung der Fachanwaltsbezeichnung weist Sie als Experten, Kapazität und Koryphäe für ein bestimmtes Rechtsgebiet aus und führt zu einer Einkommenssteigerung von mindestens 250 Prozent. Die gegenüber dem Nullachtfünfzehn-Anwalt bessere Qualifikation rechtfertigt auch eine erheblich höhere Gage.

In § 43 c Absatz 1 der Bundesrechtsanwaltsveralberung finden Sie eine Aufzählung anerkannter Fachanwaltsbezeichnungen:

- → **Fachanwalt für Strafrecht**
- → **Fachanwalt für Rechtsphilosophie**
- → **Fachanwalt für Bundesgartenzwergrecht**
- → **Fachanwalt für hohe Streitwerte**
- → **Fachanwalt für Prominente**
- → **Fachanwalt für alles**

Die Fachanwaltsverzierung wird durch die Rechtsanwaltskammer verliehen. Letzteres ist ein kleines, lichtloses Zimmer voller Anwälte. Der Fachanwaltsorden wird Ihnen in einer feierlichen Zeremonie – das heißt vom Briefträger – verliehen, wenn Sie wenigstens eine der folgenden Voraussetzungen erfüllen:

1. *Sie haben besondere theologische Kenntnisse in irgendwas. Ideal wäre es, wenn Sie früher einige Silvester Jura studiert hätten. Ansonsten müssten Sie sich die erforderlichen therapeutischen Kenntnisse erst noch in einem Lehrgang verschaffen. Diese finden häufig in Hotels statt, was dem Lehrgangsziel – Paarung mit einem Berufskollegen des anderen Geschlechts – optimale Rahmenbedingungen verschafft.*

2. *Sie besitzen ein Mindestmaß von juristischer Berufserfahrung, nachgewiesen durch eine vorgeschriebene Mindestanzahl von Fällen. Zählen Sie dazu einfach alle Fälle zusammen, die Sie jemals bearbeitet haben. Fangen Sie bei den Fällen in der Universität an, zählen Sie die vielen Fälle*

beim Repetitor dazu, vergessen Sie auch nicht die Fälle in den Examina und im Referendariat, wenn Sie denn eins absolviert haben, und fügen Sie schließlich die drei verlorenen Fälle seit Ihrer Anwaltszulassung hinzu. Da müssten die geforderten 50 bis 500 Fälle leicht zusammenkommen. Notfalls klauen Sie ein paar Fälle aus dem Fernsehen, die Sie der Prüfungskommission als selbst gemolken verkaufen (Anspieltipp: Akte X – die unheimlichen Fälle des FBI*).*

3. *Ihr Schwager ist der Präsident der Bundesrechtsanwaltskammer.*

XI. Das Melken von Mandanten

1. Melken als Lebensziel

Das Endziel jeder anwaltlichen Tätigkeit ist das Melken der Mandantenkuh. Nicht umsonst muss ein Anwalt für seine Zulassung gemäß § 12a Abs. 1 BRAO folgenden Eid leisten: ***Ich schwöre bei dem allmächtigen Rechtsanwaltsvergütungsgesetz, mein Leben künftig nur noch der Maximierung der Honorare zu widmen, so wahr mir Satan helfe.***

Unter Melken wird das Entnehmen von Geld aus dem Euter des Mandanten verstanden. Dies kann in unterschiedlicher Weise durch Menschenhand (fäusteln, knebeln, strippen) oder mithilfe einer Melkmaschine (Einzugsermächtigung) erfolgen. Vorsicht! Zu heftiges Melken führt zu Rinderwahnsinn des Mandanten und zu dessen Verlust an den Nervenarzt.

Die Bemühungen des Anwalts sind oftmals vergebens, aber nie umsonst. »Wenn zwei sich streiten, freut sich der Dritte«, sagte der Anwalt und übergab seine Rechnung. »Wie kann ich Ihnen jemals danken?«, fragt der Mandant überschwänglich nach dem Freispruch. »Mein lieber Mann«, antwortet der Anwalt, »seit die Phönizier das Geld erfunden haben, hat es auf diese Frage nur eine Antwort gegeben.«

2. Die Rechtsanwaltsvergütung als brotlose Kunst

Wenn Sie nach dem RVG abrechnen, werden Sie ewig ein mittelloser Anwaltsversager bleiben. Da hilft Ihnen nicht einmal der Besuch eines Wochenendseminars für kreatives Rechnungsschreiben bei der Deutschen Anwalt Akademie. Zivilprozesse mit einem Streitwert von unter 5.000 Euro sind bei Abrechnung über das RVG nicht einmal kostendeckend. Da setzen Sie schon bei der Verwendung des handgeschöpften Büttenpapiers für Ihre Schriftsätze zu. Als höchsten Streitwert für Zivilsachen sieht das RVG derzeit 1.000.000 Euro vor, was eine einfache Gebühr von 6.225 Euro ausmacht. Das ist gerade einmal eine viertel Tankfüllung für Ihren Learjet! Noch schlimmer sieht es bei den Gebühren für Strafverteidigung aus. Mit der in der RVG vorgesehenen Gebühr pro Verhandlungstag verdienen Sie etwa so viel wie der in der Fußgängerzone bettelnde Kollege. Ein Staranwalt arbeitet grundsätzlich nicht für das Almosen der gesetzlichen Gebühren.

3. Honorarvereinbarung

Eine Frau sucht einen Anwalt zwecks Beratung auf. Frau: »Was ist Ihr niedrigstes Honorar?« Anwalt: »300 Euro für drei Fragen.« Frau: »Das ist ganz schön teuer, nicht wahr?« Anwalt: »Mag sein. Und was ist Ihre dritte Frage?«

Das Lieblingswort aller Anwälte ist »LUKRATIV«. Sie können durch eine sachgemäße Honorarvereinbarung aus dem üblichen anwaltlichen Verlustgeschäft ein Gewinn bringendes Mandat machen. Wenn der Mandant zögerlich reagiert, wirkt dieser Killersatz Wunder:

→ **Ein Anwalt kostet viel, keinen zu haben, aber noch viel mehr.**

Honorarvereinbarung
Der Rechtsanwalt Dr. G. Rissen

und der/die Mandant/in ____________________

schließen in der Sache ____________________
folgende Honorarvereinbarung:

Anstelle der gesetzlichen Gebühren, falls diese nicht höher sind, hat der Mandant folgendes Honorar zu zahlen:

1. Eine Grundgebühr von 1.000 Euro (Anlage Mandantenakte etc.).
2. In Strafsachen für jeden angefangenen Hauptverhandlungstag 10.000 Euro.
3. In Zivilsachen entweder
   a) für jede angefangene Arbeitsstunde 1.000 Euro oder

   b) 33,3 % des erstrittenen Betrages.
4. § 49 b Abs.2 BRAO und § 352 StGB werden abbedungen.
5. Nebenkostenpauschale in Höhe von 2.500 Euro zuzüglich der tatsächlich entstandenen

Nebenkosten (Reisekosten, Spesen, Schmiergelder etc.).

6. Der Anwalt hat für seine Forderungen aus dieser Honorarvereinbarung ein Pfandrecht an allen erstrittenen Beträgen sowie an dem Mandanten und seiner Familie.

Der Vorteil der Abrechnung nach Zeitaufwand besteht darin, dass Sie die Gagenhöhe durch zweckmäßige Arbeitsweise selbst nach oben schrauben können. Arbeiten Sie ineffizient, schleppend und unnötig gründlich, also wie ein Beamter. Suchen Sie den Streit mit der Gegenseite auch gerade in unwichtigen Nebenpunkten.

Wenn Sie als Anwalt Erfolg haben wollen, ist es unabdingbar, ein Meister der kreativen Honorarabrechnung zu sein. Fragen Sie sich zum Beispiel, ob Sie das notwendige Fachwissen für den Fall hatten. Falls nicht, mussten Sie sich erst mal in das Rechtsgebiet einlesen. Da kommen schnell noch mal ein paar Dutzend anrechenbarer Stunden zusammen.

Vergessen Sie nicht die Möglichkeiten der Doppelberechnung. Fliegen Sie für einen Mandanten nach New York, arbeiten während des Fluges an dem Fall eines anderes Mandanten und stellen Sie beiden die Flugzeit in Rechnung.

Wenn Sie nach Stundenhonoraren abrechnen, sollten Sie darauf achten, dass auch der anwaltliche Arbeitstag selten mehr als 24 anrechenbare Stunden hergibt. Mehr können

Sie kaum noch als »Abrechnungsversehen« erklären. Das gilt selbstverständlich nur pro Mandant.

Unter Berücksichtigung der Kostenstruktur Ihrer Staranwaltskanzlei müssen Sie einen Stundensatz von mindestens 1.000 Euro verlangen. Rechnen Sie mal nach: Die Villa mit den acht Schlafzimmern, die elf Nobelkarossen, der Learjet; da kommen Sie leicht auf 20.000 Euro Unterhaltskosten pro Tag. Auch beim Erfolgshonorar können Sie Ihren Gewinn selbst nach oben schrauben. Das Erfolgshonorar beträgt üblicherweise mindestens ein Drittel der erstrittenen Summe. Weil Sie als Beklagtenvertreter keinen aufzuteilenden Betrag zu erwarten haben, kommt ein Erfolgshonorar nur für Klägeranwälte in Betracht. Als ein solcher sollten Sie immer auf hohe, ja absurde Klageforderungen bestehen. Je astronomischer die Klageforderung ist, desto höher kann ihr Erfolgshonorar ausfallen. Wenn die Forderung übersetzt ist und die Klage teilweise abgewiesen wird, braucht Sie das nicht zu kümmern, denn das Kostenrisiko einer Teilklageabweisung tragen ja nicht Sie.

Verwirrend kann in diesem Zusammenhang die Lektüre von § 49 b Abs.2 BRAO sein, aus dem unerfahrene Anwälte bisweilen ein Verbot des Erfolgshonorars herleiten. Es dürfte sich dabei aber genauso wie bei den §§ 211 ff. StGB nicht um zwingendes Recht handeln, sodass das Verbot auch abbedungen werden kann.

4. Goldmine Medien

Fein raus sind Sie, wenn Sie die Exklusivrechte an der Story Ihres Mandanten an die Medien verkaufen konnten. Lassen Sie sich bei mittellosen Mandanten mit spektakulärer Geschichte alle Rechte an dieser gegen Honorarverzicht abtreten. Schon Illustrierte zahlen für Interviews und Fotos leicht sechsstellige Summen. Noch mehr zahlen die gehobeneren Kultursender wie SAT.1 und RTL. Einen hohen Marktwert haben dabei Mord- oder Vergewaltigungsfälle, Sex-and-Crime-Geschichten. Denken Sie auch an die Vermarktung der Filmrechte, an die Verbreitung als Computerspiel und an die Aufführungsrechte für Schülertheater.

XII. Nachwort

Am Anfang des Buches waren Sie wahrscheinlich noch nicht einmal ein kleiner erfolgloser Anwalt, einer von über 160 000 unbedeutenden und unbekannten grauen Anwaltsmäusen. Ihre Ersparnisse haben gerade zum Erwerb dieses wirklich fundierten Ratgebers gereicht. Und jetzt schauen Sie mal, was dank dieses Buches aus Ihnen geworden ist! Ein berühmter und hoch bezahlter Staranwalt!

Bevor Sie mich verklagen: *Staranwalt in 7 Tagen* war eine Marketingidee des Verlags. Nehmen Sie es mir nicht übel, aber wahrscheinlich werden Sie länger für den Durchbruch zum Staranwalt brauchen. Rechnen Sie dafür ungefähr mit zehn Tagen.

Aber spätestens dann schwimmen Sie in Geld! Ihr Lebenslauf mit Foto steht für immer im Lexikon »Die großen Anwälte«. Ihr Ruhm ist unvergänglich, denn nach Ihnen ist ein neues Gesetz, eine Rechtstheorie oder zumindest eine Universität benannt worden. Vielleicht sind Sie aber auch nur ein verurteilter Hochstapler.

Der Autor

Falk van Helsing hat in Hamburg Jura studiert. Damals noch jung und naiv, entschied er sich für den schlecht bezahlten und langweiligen Staatsdienst. Er arbeitet als Richter an einem kleinen Amtsgericht im anhaltischen Outback.

© Karsten Bieling